郭南宏
口述歷史

交大
永遠的領航者

文／國立交通大學校長 張懋中

　　歷史是人類行動與事件的紀錄，也是重要的文化資產，讓我們可以從理解過去中，展望未來的路。

　　1958 年交通大學在臺復校時只有電子研究所，1967 年改制為工學院，1979 年才恢復成為「大學」，共花了 21 年時間。由於一批老校友們的遠見，推動交大走上電子科學發展這條路，為臺灣電子研究領域之濫觴，培育無數出科技英才。交大創造出的成就，見諸於文件紀錄中，而背後貢獻才智與心力的許多交大人，迄今我們可能只見其名、略知一二，更多可能都被淡忘。

前校長張俊彥是一位相當重視文史的校長，[1]在他任內特別將校史室與各單位資料進行整理，於2003年成立「交大發展館」，並且提出大家一起來書寫校史的概念。他說過這樣的一句話：「你也可以把你自己寫進歷史，而且是寫我們的校史。」鼓勵大家來留下對交大的點滴回憶，增益校史內容，因此學校規劃了一個卸任校長口述歷史計畫，做為呼應這個想法的開端。口述歷史的目的，在於留下見證回憶，做為日後了解過去的依據。

　　本計畫邀請參與的第一位校長郭南宏，是交大恢復為「大學」後的第一任校長，也是交大電子研究所第一屆的學長，1968年回臺後即在交大任教，直到1987年被延攬入閣擔任交通部長為止，人生有20年時間，都在交大度過，一路見證交大的成長，也是交大重要的掌舵者。而郭校長擔任交通部長之後，將交大的人才，引入中央部會中，讓交大人得以一展長才。任國科會主委期間，推動臺南科學園區建設，促成了日後交大光電學院駐足臺南，創立新局。甚至從公職退休後，選擇在63歲重返科技界創業，與交大教授、研究生展開合作，一生可說與交大有著極深的淵源。

　　在郭校長的口述回憶中，他屢屢謙稱自己在每個工作崗位上，都只是一個「承先啟後」的接棒者。但郭校長從一個對運動一竅不通的小孩子，到被稱為「運動校長」；以及勇於挑戰保守體制，成為推動交通政策自由化的「開放部長」，都一再地自我

1　張俊彥校長已於2018年10月安息天家，本人謹致無限感念。

提升，展現開創新局的能耐。擔任交大校長近10年的歲月，更帶領交大在早期有限資源中，堅守老校友規劃電子科學的發展方向，奠定交大今日基礎。我們可以看到在時代的變化下，他展現出不服輸、擇善固執的奮鬥精神。

在這本口述回憶中，另外還收錄了4篇訪談，分別為：毛治國教授、黃炎松校友、趙千惠女士、郭玫君教授；以及2篇分別由黃國安教授、陳椿亮董事長所撰寫的文章。毛治國教授分享了他受郭校長之邀進入交大任教，以及他在交通部與郭校長共事所發生的故事。黃炎松校友畢業於交大電子物理系與電子研究所，是郭校長的指導學生，則分享了郭校長在校的小故事，以及如何成為他事業與婚姻中的貴人。郭校長夫人趙千惠女士為校長人生中的重要伴侶與賢內助、郭玫君教授是郭校長的小女兒，她們倆人分別告訴我們關於校長的生活小故事，以及過往九龍宿舍的回憶。黃國安教授的文章則詳細述說，1980年郭校長帶領交大辦理69學年度大學聯招，如何克服萬難的經過，見證交大一段重要歷史；而陳椿亮董事長則暢談與郭校長於交通部共事期間，勇於改革、不畏溝通的領袖風範。

透過不同的角度，讓我們能更清楚看到郭校長的人生，可以看到一位有溫度的校長，帶領著交大寫下歷史，在公職期間為國家、社會樹立良好經世濟國之典範，更足以為後輩敬仰、效法。本人欣見《無懼・無華——郭南宏口述歷史》出版，也謹以本書向郭校長致上謝意與敬意。

張懋中

我追隨過一位
不怕死的交通部長

文／中華開發金控董事長 張家祝

　　人的一生何其有幸可以遇到貴人，而郭南宏先生就是我生命中的一位貴人。

　　1981年夏天我自美返臺任教，由於個人的興趣和所學都是在交通運輸領域，所以到交通大學任教自然是我的首選，而當時的校長就是郭南宏先生。

　　我進入交大的第二年便破格晉升為正教授。在此之前雖在國外也教過幾年書，但依學校規定副教授必須服務滿三年以上且有足夠的論文發表才有資格提報升等。而我的升等案之所以能順利送進教評會，據說是因為當時的郭校長看了資料以後專案批准

的。升等通過後的一個假日早上，郭校長約我在臺北辦公室見面，告知要我接任交通運輸研究所所長。

交大交研所在臺灣交通界頗具盛名，除了是因為早期從大陸來臺的一些交大前輩校友們的傑出表現，及他們對母校的大力支持外，也因這個研究所是借用交通部在臺北的房舍，和交通部關係非常密切，並參與國家多項重要交通政策與建設的規劃。擔任所長不但要教學生（包括在職生），同時協助交通部做很多規劃研究，可謂任重道遠，而那年我才32歲。

我是在1987年隨郭校長一同進入交通部服務。猶記4月中的某一天上午，郭校長在主持校務會議中，突然接到了當時行政院俞國華院長的電話而中斷會議要趕往臺北，行前邀我同車北上。路上郭校長告知將接任交通部長，且非常疑惑地表示不知層峯為何會邀他入閣擔任交通部長，而不是教育部長？或許是因為大家都認為交通大學校長一定最懂交通，也當然是交通部長的最佳人選。他邀我同車的目的就是希望我在路上告訴他：「交通部到底是幹什麼的？」

郭校長變成了郭部長之後，我原本只是擔任諮詢的角色，但以他積極任事的個性，我幾乎三天兩頭都得往他的辦公室跑。因此不到半年之後，我就在他的力邀及安排下，以交大教授借調的方式進入交通部服務，擔任交通部所屬的運輸研究所所長職務。

雖然同樣是研究所長，但這個單位卻完全不同，它的前身是交通部運輸計劃委員會，負責全國交通政策與建設的發展規劃，

而不是一個單純的教學研究機構。

我追隨郭部長一起在交通部服務的那段期間，臺灣正值十大建設後經濟快速起飛的階段。當時交通運輸服務的提供，遠遠趕不上需求的成長，服務品質日益低落，民眾抱怨連連。加上長久以來政府對各項運輸服務均採管制政策，舉凡計程車、遊覽車的牌照，公車路線及高速公路路權等，均為少數業者或公營事業所寡占；除了弊端叢生外，更造就了地下違規業者的壯大與猖狂。

那時民眾基本交通需求都得不到滿足，更遑論行的權益有何保障，但因涉及龐大的既得利益，一直沒人敢碰。郭部長學者出身，沒有包袱，個性剛直又擇善固執，不畏權勢，敢衝敢撞，是我見過少數不怕死的部長。加上我們這群年輕學者也都不知天高地厚，一旦認定政策需要大幅變革，就奮不顧身地拼命往前衝，臺灣交通及運輸事業的逐步開放與自由化政策，也就是從他開始的。

當政策方向定了之後，郭部長通常都會把細部執行規劃交給我們運研所去負責。以往運研所的規劃方案每每被送到部裡後，一定會被路政司打回票或束之高閣，鮮少可以真正付諸實施。幸運地是，當時的路政司長陳尚廉先生是交大的老學長，他對母校校長非常敬重，為了貫徹郭部長的理念，他願意承擔也願意完全放手，讓我們這群年輕人直接去推動。這在當時的官僚體系裡相當不可思議，因為一旦政策失敗，路政司長將首當其衝、責無旁貸。

高速公路路權的開放，除了要佩服當時省政府的運輸單

位——臺灣省公路局放棄長久以來一家獨占的局面，最困難的是要面對及處理數十家既有的野雞遊覽車業者。他們多由黑道把持，完全不顧乘客權益違法經營高速公路客運多年，而政府卻束手無策。高速公路路權的開放對他們而言雖是求之不得，但主管機關要求各項設備及服務品質均應符合標準才得申請，卻抵死不從。但這群烏合之眾的雜牌軍最後在我們堅強的鬥志與毅力下，由運研所出面輔導並成功地加以整合，經過長達一年的折衝與協調，高速公路的第二家合法客運業——統聯客運終於誕生了。

之後的那一兩年，臺灣各地汽車客運路線、計程車和遊覽車牌照、旅行業執照及第二類電信事業等等，這些政府管制了多年而一直由少數人把持經營的特許事業，也陸續在既得利益者的不斷抗爭聲中一一開放了，郭部長遂成了臺灣交通史上的第一位「開放部長」。

郭校長在本書第六章〈回首內閣生涯〉中談到，他在交通部的另一項重大開放政策，是計程車計程兼計時的計費制度改變，及無線電計程車的開放。無線電在當時是屬於管制設備，主管機關表面上是交通部電信總局，而實質上卻是警備總部。由於當時大眾運輸很不發達，一般民眾常須仰賴計程車代步。我們為了解決計程車的營運及管理問題，並為提高乘客和駕駛人的安全，而決定開放計程車使用無線電。

這個政策不同於一般，警總自始即以影響國家安全為理由堅決反對，態度十分強硬，但後來就憑郭部長的一句「假如出了問

題就把我抓去關！」而使這個政策並沒有胎死腹中，之後的推動過程雖十分艱辛但終能完成，也造福了無數的業者及乘客。

　　此刻回想當年跟郭部長在交通部服務的那些日子，是我在公職生涯中最有成就感的一段期間，它可以把學校所學跟自己多年的研究心得，著著實實地應用在實務工作上，是一個完全硬碰硬的處境和歷練。而那時交通專業人員所受到的重視程度及所能發揮的空間，和現在簡直不可同日而語。本書所提及有關交通部的篇幅雖然不多，但我讀起來卻是充滿了無限珍貴的回憶。

　　謹此為序。

張家祝

我們心中
永不褪色的開放部長

文／財團法人中華顧問工程司董事長 吳盟分

　　有幸與郭南宏部長先生共事，是我們莫大的福氣。

　　特別是在那個從凡事高度管制要演化進入開放思維的時代，做為一位推動改革的領導者，除了高遠識見與尊重專業以外，還需要多大的勇氣、信心與毅力？郭部長在交通部2年1個月不算長的任期內，臺灣的天空開放了、高速公路的路權開放了、計程車的牌照開放了、旅行社的牌照開放了。同時，也宣示了臺灣的電信產業應該要排進開放時程。

　　郭南宏部長為臺灣的交通服務帶來劃時代的興革，在臺灣的交通發展史上，留下了不可磨滅的一章。然而，不只在交通領

域，在臺灣的科技發展與區域均衡發展上，同樣留下了極為輝煌的軌跡。郭先生在行政院科技顧問組召集人與國科會主委任內，規劃了許多重要的臺灣科技發展與科學園區開發的政策，為臺灣經濟發展創育了產業升級與人才根留臺灣的重要基礎。

1987年4月29日，郭先生時年51歲，在擔任交大9年校長之後，受到蔣經國總統與俞國華院長的拔擢，接替連戰先生入閣擔任交通部部長。年富力壯的學者、且具有行政歷練的大學校長入閣行政院團隊，這可以說是當時的執政當局力求呼應民眾期待，戮力擘劃施政新局的最佳例證與寫照。

同年，4月下旬某一個夜晚，我在臺北住宿處接到我的指導教授張家祝老師電話，告知我郭校長將要去接任交通部部長，問我有沒有意願、也問我敢不敢去擔任郭部長的機要秘書？因為，這是一份非常具有挑戰性的工作。當時，我已在臺北捷運計畫籌備處擔任運輸規劃師的工作，這也是一份大家都很羨慕，很看好具有未來發展性的工作。

張老師說，敢不敢去要儘快決定，因為時間很緊迫。我跟家人與少數親友討論後，我想老師都敢推薦了，應該想盡辦法去符合大家的期待吧！過了兩天，郭部長就安排與我在交大臺北校區（臺北北門郵局四樓）面試了。那是上午大概10點多，在我之前郭先生還面談了2個人，他們兩位都談了一段時間，事後瞭解應該是與我一同被遴選面試的人。輪到我進去郭先生的辦公室時，郭先生看看我，只有簡短地問我那裡人？要商調交通部有沒有問

題？短短不到3分鐘，他就說：「過兩天，你就來吧！」隨後，我就送他下電梯，他還有其他的行程。

本來，我以為郭先生會跟前面兩位一樣，跟我談上二、三十分鐘，怎麼會就只看看我，問兩個無關緊要的問題，就直接選用了呢？是什麼原因讓他這麼大膽地用一個29歲、沒有什麼社會歷練的年輕人，至今我沒有問過郭先生。

就這樣地，郭先生影響了我一生做人處事的原則與職涯發展，從交通部、行政院政務委員、科技顧問組召集人到國科會主任委員，一直到他離開公職為止，前後長達9年之久。可以說從郭先生到交通部開始，所延攬的核心幕僚如毛前院長治國（時任交通部主任秘書）、張前部長家祝（時任運輸研究所所長）、陳前董事長椿亮（時任部長辦公室主任）、謝前副主委長宏（接任毛治國先生之主任秘書位置）等人之中，在郭先生身邊學習最久的幕僚。

跟在郭先生的身邊雖然只有9年，然而，郭先生的創新思維、敬重專業與勇於任事的態度與精神，卻影響了我日後在臺南科學工業園區管理局、交通部公路總局、交通部及臺灣港務公司迄今，在擔任首長、副首長時看待事務方式與決策謀斷的風格。

首先，是體察民眾的潛在需求。對於包括高速公路路權開放等許多業務與領域開放政策，其實都是看到了民眾與相關業者（所有的利害關係人Stakeholders）的潛在需求。以高速公路路權的開放為例，當高速公路上的非適法營運大客車呈現高承載率的狀況時，顯然既有營運業者，無法滿足民眾使用國道客運的需

求。在這種狀況下，與其不斷地且無能全面取締不適法服務，如何滿足民眾對安全又有品質服務的需求，應為首要考量。當然，要如何開放？開放的節奏與配套，則是另外可以去設計思考與溝通的。

其次，是在框架外看問題，但在框架內改善或解決問題。改革開放，不可能一夕成就，必須是一個演化的過程。特別在官僚體系內要推動一個新的政策，必然需要在內部確立目標、形成共識、修訂或新創法規體系、策訂推動優先次序與節奏，因為公務部門依法行政是不二法門，並且也受到上級行政院及立法、監察兩院和輿論監督與節制。所以，即便可以跳脫舊有框架來看問題，但是必須重新論述新的框架，並且在這個新的框架中來循序漸進地向更寬遠的目標來推動。長榮國際航空的設立籌組，可以說是將創新政策內化，並能向各界妥善溝通的最佳例證之一。

再來，善用人才，知人善任。用人，牽涉到執行力的良窳，沒有好的團隊，看得到、說得出，卻做不到位，也只能徒呼負負。郭先生於內閣服務期間，我們可以看到他在擇用人才方面，確實有其獨到之處，讓人心生敬佩。因為把對的人擺到對的位置，所能發揮的乘數效應無可限量。這一部分，因為所有曾與郭先生共事的人都有所感，就容筆者不再舉例說明。

當然，韌性與耐力，更是所有的領導人都可以向郭先生學習的。郭先生在國科會任期中，太空計畫的持續推動及南部科學園區的選址與開發，都讓郭先生耗費了許許多多的心力，一步一腳

印地為了國家的宏大發展，在不斷的專案會議中聽取專業意見，並把他的遠見向所有利害關係人不斷地溝通。有時為了理想的堅持與實現，幾乎可以說到了奮不顧身的境地，甚至得罪了某些人或團體。而唯一支撐他走下去的是，無私的精神！

以上這些，都是大家看得到的，不再多所贅述。早期在交通部時，大多數政策文稿都出自毛治國先生之手，毛先生國學素養夙聞各界，當時我只是卅歲上下的小夥子，但也有哪一天可以像毛先生那樣的盼望，雖然至今仍只是妄想。然而，在郭先生離開交通部後，政策文稿的工作也就落在我的身上。

在那個年代，電腦尚未大量普及，很多的文稿都是用手稿撰擬，當然一篇文稿總是需要幾次的修正。有一次，有篇稿子改了三、四版了，結果郭先生要我把第四版部分內容改回第二版的架構，這時年輕的我不免毛燥起來，竟然跟郭先生說：「啊，如果要改回第二版？為什麼會有第三版呢？」

郭先生不慍不火地回說：「盟分，只要我覺得今天的版本比昨天的進步，我們該改回去，還是要改回去！」。

過了幾天，終於定稿了。也許，郭先生想要鼓舞我，他說：「現在你幫我寫這些稿子，哪一天，你自己當了首長，你就可以照著自己的意思，自己寫了！」

最後，我還是要說：「有幸與郭南宏部長先生共事，是我一生莫大的榮幸！」

謝謝您！我們心中永不褪色的開放部長！

吳盟分

目錄 / C·O·N·T·E·N·T·S

目錄／C·O·N·T·E·N·T·S

郭南宏口述歷史

第一章

大頭仔的青春點滴

小時候我有一個懶惰的習慣，就是只要早上稍微晚
一點叫我起床，我就會發起小孩子脾氣，嚷嚷著
說：「我不去了、不上學了！」遇到這樣的情形，家
父總是很有耐心地勸我，安撫我的脾氣，然後騎著
腳踏車載我去學校，一直到今天，這樣的情景依舊
鮮明地存在我的回憶中，非常深刻……

日治時期的童年記趣

我是 1936 年生，當時臺灣是由日本統治，老家住在臺南市「萬川」旁。「萬川」是指「萬川號餅舖」，一間很有名的包仔店，位於現在中西區的青年路與民權路交接處。即使到今日，仍有住北部的臺南人回南部時，還會特地去買「萬川包仔」帶回去送人，是知名的伴手禮。

我的祖父郭永發很早就去世，至於家族是什麼時候來到臺南？因為上一代都沒有跟我們這些小孩子講，也沒有家史可查，所以我們就不清楚了。不過我們家族還是維繫著一定的親戚往來關係，像我表叔父就住我們家附近，而我大姑則住在水仙宮那邊，離我家的距離不算太遠。家族也一直有固定的活動，例如南部有一個習俗，是在大年初二掃墓，叫做「探墓厝」，這個活動我們家族很重視，不論如何大家都會盡量趕回來聚在一起。

我家裡一共有 7 個小孩，4 女 3 男，我排行老五，我上面有 3 個姊姊，以及一位排行老三的哥哥，我底下是一位妹妹，最小的是弟弟。[1] 家父名叫郭水池，家母名叫李芃蘭，也是臺南在地人，她跟家父是憑著媒妁之言而認識結婚。家母以前曾經告訴我，家父生前是在臺南州廳工作，由於他在工作上非常賣力認真，因此

◇◇◇◇

1 郭家兄弟姊妹長幼依序為，郭水華（女）、郭美玉（女）、郭連聰（男）、郭灼華（女）、郭南宏（男）、郭春江（女）、郭富雄（男）。

郭南宏祖母郭黃敏與大哥郭連聰的女兒。
照片／郭南宏提供

郭南宏祖父郭永發。照片／郭南宏提供

晉升到文官。[2] 雖然當時是在殖民地政府底下工作，但在我的感覺上，父母親他們過著還算愉快的生活。

　　家父過世時，我年紀尚小，關於家父的大部分事情現在已經沒有印象，但是有些片段的回憶特別清晰，全都留存著家父對於子女的關愛之情。印象中後院隔有浴間，裡面有大浴桶，還記得每到周末時，家父就會在我家後院燒熱水，讓全家人能夠一起洗個熱水澡，小孩子們就很開心、很期待。

　　由於我小時候長「臭頭」（臺語，常指「頭癬」），一直沒治好，家母乾脆用剃頭刀把我的頭髮都剃光，然後用絲瓜水攪拌那

◇◇◇◇
2　根據《總督府總督府職員錄》紀錄，郭水池於1929年就已是服務於臺南州廳內務部地方課的書記，而依據1937年《臺灣總督府府（官）報》紀錄，當時郭水池為產業書記。

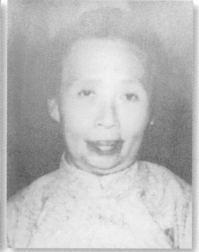

郭南宏之父郭水池。照片／郭南宏提供　　　　郭南宏之母李芃蘭。照片／郭南宏提供

個時候女生化妝用的新竹「膨粉」（臺語，又稱白粉），擦在我臭頭的地方，沒想到這樣的偏方竟然就把我的臭頭治好了。但是在這個過程中，我因為剃光頭，別人看來就覺得我的頭特別大，大家就一直揶揄地叫我「大頭仔」（臺語）；事實上我的頭確實也不小，但是他人揶揄的口氣總是讓我感到相當不舒服。

　　我家外是一間中藥房，有一次我經過時，中藥房老闆看到我，就一直「大頭仔」、「大頭仔」叫個不停。我一時氣不過，就隨手撿了地上的一個小碎石，往老闆丟去，沒想到竟然差點就丟到他的眼睛。後來老闆看到我父親時，就跟我父親告狀，說：「我只是叫你家小孩『大頭仔』，他竟然就用石頭丟我，還差點丟傷我的眼睛。」我父親聽了，知道是我被欺負，就只是回答說：

「應該、應該。」（臺語，有活該之意）一點也沒有責備我的意思，由此可見我父親的個性。

到了學齡，我進入末廣(すえひろ，音suehiro) 國民學校[3]就讀，還記得到了二年級開始，已常常能聽到警報聲響。早上只要一有空襲警報，小朋友的心裡就很高興，因為表示可以不必去上學了，所以我早上也都會仔細聽看看有沒有警報。小時候我有一個懶惰的習慣，就是只要早上稍微晚一點叫我起床，我就會發起小孩子脾氣，嚷嚷著說：「我不去了、不上學了！」遇到這樣的情形，家父總是很有耐心地勸我，安撫我的脾氣，然後騎著腳踏車載我去學校。一直到今天，這樣的情景依舊鮮明地存在我的回憶中，非常深刻。

我還記得二年級最後一次我又發完小孩子脾氣，讓父親載我去上學的畫面，但時間已不確定，只知道是在1945年1月至3月初之間。因為當時二次大戰已經進入尾聲，接著就開始發生大空襲，我唸三年級的同一年日本戰敗，大戰結束。

◇◇◇◇

3　日治時期兒童教育：1896年設置國語傳習所，1989年分設為提供給日本兒童就讀的小學校、提供給臺灣本島兒童就讀的公學校、臺灣原住民兒童就讀的番人公學校，招收8歲以上14歲以下兒童就讀。修業年限為6年，一學年分為三學期，分別是4月1日至8月31日為第一學期、9月1日至12月31日為第二學期、隔年1月1日至3月31日為第三學期。1941年臺灣總督府才廢除小學校、公學校、番人公學校區分，一律改稱為國民學校。

美軍大轟炸而喪親

二次大戰末期，美軍對臺灣的壓制愈來愈明顯，轟炸頻繁，家父曉得這場戰事已經進入一個緊急的階段，所以就讓家母帶著年齡小的孩子們「疏開」⁴到新市。在我的記憶中只有阿嬤、家父，以及我的大姊、二姊留在臺南家中，我們其他人都到鄉下去避難。不過即使疏開到鄉下，我還是必須去新市的公學校繼續上課，並沒有因為轟炸而停課。

當時為了因應空襲的直接傷害，除了屋外有防空洞，不少人家裡面也都會挖一個防空壕，做為隨時緊急避難用。我們家的防空壕做得不錯，就是在大廳祭拜祖先的神明桌（臺語叫「頂矮桌」，「頂」就是上面的桌子，「矮桌」就是指底下還有低的桌子，桌下挖一個避難的洞，然後將厚被子蓋在桌上。

3月17日一次空襲警報響起，我阿嬤跟我2位姊姊就趕緊躲到家裡的「頂矮桌」底下，家父跟我表叔則跑到屋外後面的防空洞避難。一波轟炸過去之後，家父聽到飛機聲音飛遠了，就跟我表叔到防空洞口查看狀況，結果我家這邊的房子竟然已經倒了，他們趕緊跑出去救人。就在搶救的過程中，第二批飛機又過來投彈，他們來不及躲就被炸彈的風暴掃到，很不幸地就這樣往生了。

後來是消防隊跟鄰居把我阿嬤跟2位姊姊，從倒塌房屋的廢

◇◇◇◇
4 「疏開」臺語發音 soo-khai，尤其意指戰時疏散到鄉間躲避空襲。1944 年 6 月 18 日日本總督府頒布《過大稠密之都市住民疏散要綱》，指示都市居民疏散至鄉間地區。

1945年3月17日美軍以B-24轟炸臺南市之空拍圖。當天造成臺南市區上千棟房屋全毀，臺南州廳亦遭毀損。照片／中央研究院人社中心GIS專題中心提供

墟中救出來。可能當時的建築都是好清除的木材跟磚瓦，所以我阿嬤跟姊姊們從防空壕中被拉出來時幸無大礙，3人都平安。

被救出後，我的2位姊姊就找了一輛推車，簡單收拾隨身物品跟家當放入推車中，推著推車就從臺南出發，步行到新市這邊來找我們。她們路上遇到農夫，當農夫一聽到2個女孩子竟然要走路到新市時，都直呼太危險，但是也沒辦法，她們必須這麼做。

這場空襲發生經過，都是日後我從姊姊口中聽到。至於我阿嬤，因為她腳走路不是那麼方便，我想當時她都留在臺南市的親友家中。

家父過世的同一年8月，日本天皇宣布投降，臺灣光復了。[5]

◇◇◇◇
5　日本天皇宣布投降日期為1945年8月15日。

家人扶持踏上升學路

臺灣光復後,我讀的末廣國民學校改名為進學國民學校[6],我回原校繼續就讀三年級,完成小學學業。由於我們家有7個小孩,假如說大家通通都選擇升學的話,學費加起來實在不是當時我家裡經濟所能負擔,所以我的姊姊們都很早就出去工作。

我的姊妹中只有二姊郭美玉讀到臺南女中,其他都只有國校畢業,她女中畢業後進入林業試驗所工作。我家排行老四的姊姊,也就是我的三姊郭灼華,書也唸得非常好。但因家父突然的過世,家中經濟發生劇變,所以她國校畢業後亦為了共同負擔家庭經濟,進入臺灣銀行上班,從最基層的小職員做起,後來在臺銀發展得很好。我的姊妹們都是早早就出社會工作,大姊郭水華開藥局,妹妹郭春江小學畢業後則進入農業改良場工作。

家中繼續升學的就是我的哥哥郭連聰、我,以及我的弟弟郭富雄,這樣說來很重男輕女,但當時的真實狀況就是這樣。所以每每想到自己人生中受到姊妹們的幫助,我內心就對她們充滿著感激之意。我哥哥成大土木系畢業後,進入公路局工作。而我的弟弟多少受了我影響,在我的鼓勵下,他選唸物理,考進了臺大物理系,也出國拿到博士學位,回國後在中央大學教書。

我就讀國校的時候,常帶著國校學生的帽子,綽號叫「大頭

6　臺灣光復後,政府依1944年國民政府公布之國民學校法,稱6至12歲的學齡兒童就讀之學校為「國民學校」。1968元月頒布「九年國民教育實施條例」,於1968年9月1日起實施九年一貫教育,才將「國民學校」改稱為「國民小學」。

仔」。我從小就是一個內向害羞的人，不懂得跟別人交遊。以前在萬川老家附近有一個小空地，是平時小朋友聚集遊戲的地方，大家常常在地上挖幾個洞，就玩起打彈珠，但我始終只是在旁邊看，不敢過去跟大家玩。曾經有大人問我：「怎麼不去跟其他小朋友玩？」我都會躲開不去回答。

其實不是我不喜歡跟大家一起玩，而是我膽小。因為自己手腳很笨，很怕玩得不好被大家笑，以至於我都是自己一個人出去，不愛呼朋引伴。小學生時我尤其喜歡看布袋戲，最常自己一個人跑到靠近運河，去一間專演布袋戲名叫「慈善社」[7]的小型戲院看戲，這也是我兒時最大的娛樂。

戰後臺灣回歸祖國懷抱，是一個新時代的開始，我們的教科書從日文換成了中文，不過可能當時我年紀還小，對這樣的轉變感受不大。雖然從頭開始學習中文，但日文跟中文有很多相似的地方，我自己是覺得容易學，沒有遭遇到語言轉變上適應的困難。那時候學算術也得心應手，學習上覺得還蠻順利。

比較能感受到的改變，是日本老師被遣返了。我在國校一、二年級時，遇到兩位很好的日本老師，一位是男老師，一位是女老師，他們跟我們班上同學有相當不錯的感情。長大後我的國校同學中，有人還特別去日本找到那兩位日本老師，我有同學常去日本做生意，或有同學到日本旅行，都會專道去拜訪他們。而兩

◇◇◇◇

7　慈善社戲院後更名為成功戲院：1950、60年代演出布袋戲，70年代播電影，位於友愛街、中正路之間，1993年海安路段海安路拓寬時，戲院隨之拆除。參見楊貞霞，〈老戲院專輯：如戲的人生─台南老戲院（之二）下〉，《王城氣度》27（2008年5月），頁7。

前臺北市長黃大洲（中）與郭南宏（右）為臺南一中初中部同窗，左為林知海。攝於1993年11月21日。照片／郭南宏提供

位年事已高的老師也曾專程來臺灣，跟同學們見面，這段師生情誼靠著幾位很熱心同學的用心聯繫下，一直持續保持下來。因為我在社交上一直不太主動，所以沒有積極參與，不過多虧班上幾位熱心的同學，能得以知道老師狀況，也發現原來大家對老師的敬仰一直都還在。在我看來，這段師生情誼是很動人的記憶，能一直延續下來很不容易。

　　戰後來的臺灣老師，在我的印象上也很不錯，授課認真。當時讀完五年級，就可以越級報名初中入學考試，通過考試的人能直接進入初中就讀。我報名了考試，我同學中有好幾位都榜上有名，結果我卻落榜，心情受到相當影響，家母也不甚滿意。我還

記得哥哥的一位朋友知道這件事情後，見面時他還摸摸我的頭安慰我，說：「不要太放在心上，下次努力。」不過現在回想起來，就算提早一年去讀初中，並不見得到最後會占到便宜。

國校畢業後，如要繼續升學，就必須參加初中考試，我的同學裡面選擇升學的算多數，我自己也無做他想，朝著繼續唸書的方向前進。我五年級參加跳級考試沒通過，六年級畢業後就考進了臺南一中的初中部。以當時年代來說，幾乎父母親都認同唸書是一條能通往成功的路，也盡量鼓勵自己的孩子唸書。

笨手笨腳的內向孩子

我們家後來搬到忠義路，是跟一位開設六安醫院的醫生承租，房子就在六安醫院[8]旁，我們全家九口人就這樣子擠在一房一廳的空間內。即使我們家房東是醫生，但卻從來沒有去房東開的醫院看過病。戰前我在萬川那邊的老家外面就是一間中藥房，我從小一直到高中，如果有遇到生病，都是家母自己到中藥房去抓一些中藥回來，「煎藥仔」（臺語，熬煮中藥之意）給我服用。假如出現比較特別而家母不知道的症狀，她就會去問她的弟弟。我阿舅懂得比家母要多一些，他會建議增改那些藥方，家母就依照我阿舅建議的藥方去抓藥。當時很多人只要身體不舒服，都是直接去中藥房抓藥。

◇◇◇◇
8　六安醫院由黃國棟醫師於1930年開設，原址已重新改建，現已不存。

小時候我除了個性內向外，向來也都笨手笨腳，到了初中時每星期有 2 小時的體育課，我視如畏途，學期末的體育測驗根本是我的夢魘。例如跳高，不管什麼高度，我一跳一定都會將竿子踢下來；立定跳遠，不論怎麼跳，我必定嘴巴先著地，跌個大跤。可以想見，我運動時常因手腳無法協調，而出現各種奇怪姿勢，皆成為娛樂同學的笑柄。

我在運動方面這麼差，但是我的哥哥卻是游泳高手，他不只是游泳校隊成員，還曾任臺南市代表隊選手多年，代表過臺南市參加省運的游泳賽事。記得初中一年級時，有一次我在游泳池泡水，哥哥主動過來教我水中呼吸的訣竅，我跟著練習多次。出乎意料的是，就在我下一次去泳池游泳時，竟然就會換氣呼吸，而且從模仿學習哥哥游泳的動作中，竟能游起蛙泳。雖然剛開始我游泳的動作很笨拙，但因為游泳時，比較不用承受別人的目光，讓我比較自在。自此漸漸對游泳運動著迷了，一有機會就會跑去游泳，後來也是因為游泳這項運動的培養，替我日後人生帶來了重大的改變。

不想抱鐵飯碗，施小計如願升高中

唸初中時，開始有同學為了繼續升高中而去補習。我們那個時代不像現在，坊間到處開設著大大小小的補習班，我們要補習都是放學後，直接到老師家中上課。我那個時候並沒有特別想要

前臺南市長張麗堂（右）與郭南宏為同為臺南一中初中部同學，也是鄰居。照片／郭南宏提供

去參加課外補習，除了補習要多花家裡的錢外，主要是自從讀書以來，我的數學一直都很好。所有科目中以數學功課最多，只要數學能應付自如，功課量就減輕不少，能有比較多的時間可以讀其他科目，所以並不覺得功課壓力大。

　　初中快畢業前，家母曾找我談了關於接下來升學的問題。那個時候我哥哥正在讀高中，家中的經濟與兄弟們的讀書費用，都由我幾個姊姊在支撐。家母希望我能夠早一點分擔家計，所以要我去考臺南師範學校，而不贊成我去唸高中。當時臺灣的師範學校是由初中畢業生去報考，選擇去報考師範學校的人蠻多的。唸書期間享有公費，畢業後得盡當小學老師的責任，等於鐵飯碗，是相當穩定的一條出路。

家母的建議是基於很實際的經濟考量，但當時我對去唸師範學校沒什麼興趣。並不是嫌棄師範學校不好，而是完全都沒有考慮過以後要去當小學老師這條路，我打從心裡就只想讀普通高中，以後繼續唸大學。可是家裡的人都希望我去報考師範學校，報名當天我騎上腳踏車到臺南師範學校去，我在那邊繞了好幾圈，一直到報名時間結束才回家。一回到家，我就跟家母與阿嬤說：「人家已經報名完了，來不及報名，我不能去考試了。」

當時我哥哥在一旁，他聽到我講的話，很明顯就是無心去報考的藉口，對我的不聽話很生氣。剛好他手上有條包袱巾，就一把往我頭上丟過來；不過生氣歸生氣，也對我無可奈何。由於沒有報考臺南師範學校，我才得以有機會去考高中，考入了臺南一中的高中部。

運動中建立自信、學習溝通

自從我初中學會游泳後，游泳從此成為我休閒運動的專項，也養成經常游泳的好習慣。進入高中就讀，我當然還是只要有游泳的機會就都不會放過，除了去游泳池外，我甚至也在海裡游過泳。印象深刻是有一次去一位詹姓同學家中，他家有虱目魚塭，我一時興起跳入了他家的魚塭中游了一圈，弄得渾身是臭味。

最大的轉捩點是在高中二年級時，當時我認為自己在經過長期持續練習游泳之下，已經累積出一些經驗與體力，就自告奮勇

報名參加臺南市運會 400 公尺自由式比賽。這個項目可以用蛙式替代，獲得第五名的成績，其實這個名次說出來也不算太好，但對我自己而言卻難能可貴，非常有意義。在此之前，我是個對運動相當沒自信、也自認沒有運動細胞的人，從沒有想過自己能夠有辦法完成一項運動，更遑論還會有參加運動比賽的一天。但沒想到我竟然能走到報名游泳比賽這一步，還全程完成比賽，這是一個相當大的自我肯定，也建立我很大的自信心。

從游泳之後，我也開始慢慢主動去嘗試其他運動，並且決心每一次就專注於一種運動的練習。從運動中我體會到，只要透過持續練習，不管運動再怎麼差的人，都可以有精進的能力。我不只從運動的練習中獲得信心，日後我也從不同的團體運動中，克服自己不太善於社交的缺點，學習到與夥伴溝通以及建立人際關係的方式。

這就是為什麼我日後很重視運動，並且很執著投入練習，以及在工作上都很鼓勵其他人一起來運動的原因。「一起運動」就是我跟同事、同學們溝通的一個管道，從運動的合作中，進行對話、培養默契。現在回想起昔日一段段投入運動的過程，還蠻有意義的。

第二章

與交大結下不解之緣

交大設電子研究所碩士班，在臺灣是首創。還好有
交大老學長的幫忙，這些畢業自大陸北平、唐山、
西安、上海交通大學的校友們，皆相當關心交大的
狀況，熱心幫忙，有多位優秀的校友甚至不辭辛
勞，特地遠從美國回來臺灣開課，兩地奔走協助安
排師資、捐贈設備、推動課程的發展......

榜眼之姿進入臺大電機系

我的高中同學們都是以升大學為目標在讀書，在南部的風氣就是理科學生多數選擇醫科為第一志願，而文科學生就是選法律為第一志願。我這一年級總共有4個班，其中1個班是文組，另外3個班是理組，每一班最多不超過50人。理組同學中以醫科為第一志願的人很多，像我以電機為第一志願的反而是少數，後來放榜就有十幾個人考上醫科。

高中時我的興趣是在數學，數理是我的強項。雖然我的成績很好，但家裡卻未曾有人鼓勵過我去唸醫科，我猜家人的想法可能是，認為讀醫要比其他科系就讀時間長的現實考慮。我對讀醫科也從來沒產生興趣，再加上當時看到醫生不論風雨，即使半夜也要出門往診，就覺得這個工作未免也太辛苦，而且責任非常重大，更加不會考慮。

當時我哥哥有一位很要好的同學，他差我哥哥一屆，跟我哥哥都是學校游泳校隊的選手。他們常常一起游泳、交情很好，也常來我家，所以我也認識。有一次我趁著他來找我哥哥的時候，私下向他請教關於大學選考科系的問題，那時他已經是臺大電機系的學生了。

我就問他說：「我數學很好，沒去補過習。考試的數學題目大部份我一看就會做了，也很喜歡數學，我應該考哪個科系？」

我哥哥的朋友聽了，就說如果是這樣，那他要鼓勵我去考電

機系，因為電機系的課程裡面有很多需要運用到數學的部分，他認為臺大電機系會很適合我。聽了他的鼓勵跟建議後，我也沒有再進一步詳細追問，就覺得可以下決定。不過其實那個時候，我連電機系到底在唸什麼都沒有概念。我一直是個手腳不靈巧、沒有膽量組裝電器用品、不擅長自己動手做東西的人，只知道電機會使用到很多數學，所以就將臺大電機系當作第一志願。

我讀高中跟初中時準備功課的方法都差不多，盡量把不會的科目先做預習，上課專心聽講，確實將學校老師教的範圍與課本內容弄懂。其實我應該不太算是個很用功的學生，遇到大考時，也會跟其他同學一樣熬夜苦讀「臨陣磨槍」。

真正最用功的時候是在高中畢業之後，距離聯考剩下3個月的時間。家兄一位朋友的父親是醫生，家裡比較寬敞，有二、三間閒置的小房間，他就把其中的1間小房間借我使用，讓我在那邊能積極閉關苦讀3個月。我主要是專心將教科書讀熟，不看課外的東西也不看參考書，針對弱項科目加強，不斷反覆練習，以求熟能生巧。

我高中畢業於1954年，這一年臺灣第一次辦理大學院校聯合招生考試（簡稱大學聯招），我是首屆大學聯招的考生，當時臺灣也只有1所大學跟3所獨立大學院校，分別是國立臺灣大學、臺灣省立師範學院（今國立臺灣師範大學）、臺灣省立農學院（今國立中興大學）、臺灣省立工學院（今國立成功大學）。經過閉門苦讀後，考試結果是我的數學、理化都沒有失常，就連最害

怕的三民主義與國文的作文也考得很不錯。於是我以臺大電機系第二名的成績上榜，第一名是一位北一女畢業的女生，她也是我們班上唯一的女生，相當厲害，不過我能考上電機系第二名也不簡單。

當時臺大電機系分為電力組與電信組，我選讀電信組。在1950年代初期，選讀電力組的學生占多數；等到我入學後，卻已是選讀電信組的人占多數，選電力組的人少，這是當時電子學科發展的趨勢使然。至於這電力跟電信兩組的差別在哪裡呢？最簡單來講就是強電、弱電的差別，強電就是指高壓電，電力組要解決的是電力問題；弱電是指低壓電，電信組處理的是網絡信息。雖然這樣的分法有點粗糙，卻是讓一般人容易分清楚的說法。

我在大學就讀時所學到的電子學知識其實是相當有限，那個時候課本主要在講真空管，只有最後一章才稍微介紹電晶體的問世。我是到了大學畢業後，進入交大電子研究所就讀，才算真正接觸到電子科學技術的知識，也見識到電子技術的發展突飛猛進：電晶體很快就取代真空管，後來積體電路問世，取代電晶體。電子科技的日新月異，給人類帶來許多智慧、財富與機會。

打工課業兼顧的大學生活

離家到臺北唸大學，包含學費、住宿、生活等等的費用加起

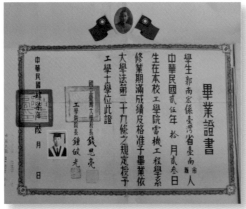

臺灣大學畢業證書。照片／郭南宏提供　　　　　　　　　大學畢業學士照。照片／郭南宏提供

來，對我家裡的經濟來說不是一筆小錢。為了不添加家人的負擔，我那個時候住學校宿舍，大學一年級就申請獲得工讀獎學金，名義上就分配一點清潔工作給我。雖然一個月90多元，但我相當節省，有這樣的收入，我的生活就算過得去。

　　大學二年級開始，我在課餘另外找了家教工作。當時我家教學生的家住在迪化街尾端，我都從公館搭公車，下車後還得再步行一段路，才能抵達學生家上課，每週有3次。打工占了課餘的很大部份時間，所以我的大學生活就是上課、打工，兼顧功課且貼補家用，也令家母展露開心的微笑。

　　當時我電機系上的同學就有十幾個是從建中畢業，他們常聚在一起打籃球、一起活動。我那個時候對籃球還不太感興趣，可能是因為覺得自己打不好，個子也不太高有點自卑感，也沒有程度相當的球友可以一起練習。唯一玩的球類活動，只有我跟另外

一個臺南同鄉的同學吳明憲丟棒球，做來回傳、接球的練習。那個時候並沒有參加任何社團活動，休閒時就只是自己跑去游泳。

我大學就學期間的成績還算不錯，有些科目考特別高分時會很開心，但可惜未得到書卷獎，一直要到大學最後一年才獲得書卷獎，實屬可貴。不過要是問我，大學修過的課當中，有什麼特別吸引我，能引起我想要持續鑽研的科目？又好像說不上來。

當時臺大電機系的同學中，相當多數都打算畢業後繼續出國留學。甚至有家庭環境比較好的同學，還沒有唸完學士學位，就提前出國留學去了。

我們那個時候想去美國留學的人增加得很快，原因是在於：第一、臺灣選擇唸理工的學生正在增加；第二、美國當時也需要很多留學生去唸博士學位，提供很多獎學金，申請獎學金相對容易。臺灣在這一方面是相對比較占優勢，申請到獎學金的機會就高了，所以產生出一股「出國留學的熱潮」。當時出國讀書的人潮很熱烈，留學的人裡面外省人又比本省人多。但是學成後回國的人少，即便是回國了，沒待多久時間，這些人當中有相當多還是又選擇出國永居。

沒有選擇出國的人當中，能夠選擇留在學校的同學就是繼續讀研究所，就業的話就是去電信局或臺灣電力公司。那時臺灣的企業界，還沒有能供電機系畢業生發揮專長的產業，想要發展就是只能往國外去。現在回頭看，我們那一班最後留在臺灣的人反而是少數，多數人都已經留在美國。大學時期我還沒有認真想過

1958年臺灣大學電機系臺籍畢業生留影，郭南宏在前排右4，另外有3名同學也成為交大電子所第一屆學生，分別為：吳明憲（前排左1）、陳德川（後排左5）、林皇安（前排右1）。照片／郭南宏提供

留學的事,是一直到後來我退伍開始工作後,才漸漸萌生留學的想法。

考入交大電子所,成為首屆研究生

1958年我從臺大電機系畢業,那一年交通大學電子研究所首次招生,而清華大學已經是第三屆招生。那個時候研究所的選擇性很少,我當時就報考交大電子研究所與清大原子科學研究所,兩所學校都有考上。那時候家人的意見是覺得應該選擇清華,因為清華名氣比較大。

不過後來我選擇交大,主要是受了同學的影響。當時我有3個一起從臺南一中一路唸到臺大電機系的好同學,分別是陳德川、吳明憲、林皇安。他們當中有一位跟一名成大電機系的學生是好朋友,這位成大電機系的學生也同時考上清大跟交大。他很熱心地去打聽兩間研究所的專長特色,也仔細跟我們分析他打聽的結果,認為清大的課程取向是在於基礎科學的研究方面,交大則是比較傾向於在應用科學方面。基於日後就業的考量,交大就比較占便宜,也比較吸引學生,這影響了我們最後決定選擇進入交大電子研究所。

後來除了林皇安大學畢業後選擇出國外,我跟陳德川都是第一屆交大電子所研究生,而吳明憲則晚我一屆才進入交大電子所。不過後來這4個人中,還留在臺灣的也就只有我了。

1960年交通大學電子研究所第一屆畢業典禮，郭南宏擔任第一屆畢業生代表進行致詞。照片／交大發展館提供

交通大學電子研究所畢業證書。照片／郭南宏提供

當時第一屆電子研究所的招生簡章上是載明要招考20名學生，不過實際上入學的有21位，因為有一位備取生希望能進來。在經過招生委員會決定後，報教育部同意，所以入學學生增列一名，第一屆就變成有21名新生。這是招生委員會重視人才，給予機會的措施，令人激賞。交大第一屆電子所的開學典禮在臺北舉行，[9] 由交大老校長凌鴻勛主持、致詞，出席的來賓中，唐山、西安、上海等交大的畢業校友占多數，場面盛大。

電子所草創期維艱，卻充滿機會

我入學時，交大才剛在臺復校，校舍都還沒來得及蓋好，第一年先借用臺大工學院教室上課。學校另外在臺北市金門街租了一棟日式的木造平房，當作我們這群研究生的宿舍，讓第一屆的研究生全部都住到裡面。最早期屋內還是榻榻米，後來就改為木頭地板了。

我那一班裡面就有13位是從臺大畢業，占了人數一半以上；其次是來自成大，占第二多數，另外也有已經在外面工作的社會人士，還有4位同學是來自海軍官校。這幾位從海軍官校來的同學們，年紀上都比我們大5到7歲，官階都蠻高的。他們的基礎學科比如基本物理數學等，成績可能稍稍不如我們，因為我們是剛剛才唸完這些科目的大學畢業生；但是語文方面卻有出乎意

<hr>

9　借用臺北市貴陽街實踐堂舉辦。

交大電子研究所第一屆與第二屆研究生到新竹縣獅頭山出遊留影，約攝於1959年。郭南宏站在第2排右起第2位，同學陳榮淦（第3排右起第1位）、當時的註冊組組長吳鶴鳴（第3排右起第3位）也一同出遊。照片／郭南宏提供

交大電子研究所第一、二屆研究生到新竹縣獅頭山出遊留影，郭南宏是後排左起第2位，前排左2
為當時的碩一學弟陸永平。約攝於1959年。照片／郭南宏提供

外的表現，文筆非常好，編寫報告方面的能力佳，讓人有深刻
印象。

　　我們這些學生中有本省人、也有外省人，大家同住在小小宿
舍中，由學校供應吃、住與娛樂設施。[10]我們這一群同學所有作

◇◇◇◇
10　當時研究生入學後每月可領到教育部發給之公費400元。交通大學秘書室主編，《三十而立：
　　校慶專刊》（新竹：國立交通大學，1988），頁50。

息、讀書都在一起，在相處上或許每個人講話的腔調跟生活習慣有些不同，但是相處起來和樂融融，從沒有發生過吵架或其他不愉快的摩擦事件，對當時讀書的環境狀況感到相當滿足。我第一次打羽毛球就是住在金門街宿舍時，是同學沈士印教我，他是海軍官校畢業；金門街還算寬敞，我們就在街道上打起羽球。就讀期間，學校有舉辦教學活動，我們同學們都很熱烈參與，也有登山、旅遊活動。

我考進去後，在班上成績是最好的，盛慶琜[11]先生就挑我擔任助教工作，主要工作是帶實驗。那個時候班上實驗做得很好的人很多，我又是一個在動手做實驗方面能力較弱的人，所以能被選為助教，我總覺得不太好意思。

升二年級時，博愛校區的竹銘館蓋好了，我們就遷回新竹上課。宿舍設在竹銘館的三樓，一、二樓分別為辦公室、教室、實驗室。由於交大設電子研究所碩士班，在臺灣是首創，尚未培養出人才，師資上也欠缺，很多老師是從臺大商請來兼任，也都是我大學時上過課的老師。當時的師資、設備等等是比較弱，但是還好有交大老學長[12]的幫忙，這些畢業自大陸北平、唐山、吳

◇◇◇◇

11 盛慶琜（1919-2018），上海交通大學機械系畢業，1948年於愛丁堡大學取得博士學位。1949年來臺任教於臺灣大學。1958年交大籌議在臺復校之際，被選為籌備委員之一。籌備委員會原定推舉盛慶琜為第一任電子所所長，然而受限於當時盛慶琜為臺大教授身分，故改以由李熙謀任所長，但實際所務由盛慶琜負責，帶領電子所從草創至步上軌道，克盡心力。1962年盛慶琜應加拿大渥太華大學邀聘，前往任教。1971年返臺，於臺大任客座教授一年；時正值劉浩春院長病歿，在各界校友的推舉之下，於1972年任交大工學院院長至1978年卸任。資料來源：交大發展館。

12 交大人習慣稱呼遷臺前之大陸交大畢業校友為「老學長」。

服役休假期間,郭南宏(照片中著白衣者)與單位同袍到新竹一遊。上圖攝於母校門口,中間為交大同學陳啟宗。下圖攝於新竹東門前。照片／郭南宏提供

淞、上海交通大學的校友們，皆相當關心交大的狀況，熱心幫忙。有多位優秀的校友甚至不辭辛勞，特地遠從美國回來臺灣開課，兩地奔走協助安排師資、捐贈設備、推動課程的發展。

我印象最深刻的是有一個聯合國特別基金的計畫，就是從聯合國基金會請三位外國的專家，於暑假期間來電子所開三個月的課程。他們三人都依專長來開課，有講真空管、電子計算機、資訊理論，我是直接選了資訊理論這門課。但可能當時我對於抽象的學問接納度跟理解力比較低，所以資訊理論這堂課的成績一落千丈，沒有唸好。而其他選讀真空管與電子計算機課程的同學，有人就唸得很好，從課堂中得到不少收穫。

由於能聽到聯合國專家的課，機會難得，大家都很認真地聽課，有人分數特別高。但因我沒有好好把握，所以成績不好，回想起來總認為十分可惜。後來我自我檢討，是自己沒有用心去上課。因為當時電子研究所的課程一般都很基礎，如果放在研究所的標準來看，課程水準不算高。唯有這個聯合國基金會計畫引進國外專家學者，所開設課程內容程度很高，更顯現其特殊性。因為當時就連臺大都沒有能請到國外的學者來授課，交大能開這個課是很有拉抬作用。這些外國專家所授課的內容為當時的最新進知識，我認為這是就讀研究所短短兩年裡面，在學習上很值得一記的地方。

我的碩士論文題目，我大概還記得是電腦輔助設計。雖然選的題目方向是正確的，現在回想，我當時並沒有體會到繼續往那

個方向去做會有所成就,所以沒有再往這個領域去鑽研、吸取新知。但是日後我回交大任教,有學生黃炎松跑來找我指導,並以電腦輔助設計作為論文題目。他畢業後到美國繼續朝這個領域做,後來以此創業,闖出一番成績,事業發展順利。

臺中空軍航空研究所服預官役

1960年6月我從交大畢業後,就去當兵了,前三個月是到成功嶺去受訓,我是預備軍官。[13]下部隊後,我跟幾位也是交大電子所畢業的同學,一起被分發到位在臺中、隸屬中科院的航空研究所,當時航空研究所是位在臺中體育場隔壁。

我們電子研究所在當時是很新、很特殊的科系,軍中也是第一次收到我們這批第一屆電子研究所的畢業生,所以我們雖然被分發到航空研究所,然而軍中當時並未對我們有什麼特殊訓練與安排。我們只能自己去找一些相關資料來看,我就在書架上翻出了相關反電子戰的書籍,閱讀後就寫了篇報告,長官們看了覺得我寫的很不錯。但這只是我看書所做出來的閱讀報告,由於只能從現有的雜誌或書籍上去取材,想要有所發揮也有限。

我當兵大概當了10個月多就退伍,1961年退伍之後想要申請去中學教書。但我是10月分才退伍,學期已經開始,那個時候才進行申請,在時間上已經太慢了,只有初中還有機會。剛好臺

13　當時只要有碩士學歷,並符合體格、軍訓成績等標準,可以免試而成為預備軍官。

南一中初中部有一個教書機會讓我申請到了，於是就匆匆忙忙到臺南一中初中部教數學，教二年級的代數與一年級的算術。

服完兵役後，我開始有回饋社會、家庭的壓力。

第三章

在交大初試啼聲

一來我是個不擅長到處跟人打交道建立關係的人，
除了喜愛運動外，我從不曾主動去參加什麼活動；
二來我也不是有什麼特殊家庭背景的人。我從來沒
有想過要去爭取一個什麼位置，所以後來當了交通
大學校長，現在怎麼想來都是一種因緣際會……

留美熱潮大興，萌生留學念頭

我在臺南一中只教了一學期的課，之後就轉到臺灣大學電機系當專任講師，教物理數學。有好幾位我當時教過的同學，即使畢業多年我都還記得姓名，以及他們幾乎滿分的考試答卷，是相當認真、成績很好，很優秀的一批學生。不過我也只在臺大待了一學期，我記得是在1962年，夏天過後我又回到交大，受聘於電子研究所擔任專任講師。

當時電子所考慮到有學生是從非電機領域中考進來，如有些以前是唸機械或其他科系；另外也有已經工作的社會人士又考進來當學生，像當時就有已在電信局工作了2、3年後再來讀書的學生，因此需要聘用講師來替這些學生上基礎課程。那個時候同學都很用功，尤其進了實驗室，有些同學有經驗，反而會比年輕講師在動作上更熟練、更好。尤其我以前就是不擅長動手做實驗的人，所以當了講師後，漸漸地覺得還是有出國去進修學習的必要。

研究所唸書的時候，班上已經有好多同學在畢業前就開始申請獎學金，做出國打算。到了我在交大當講師的時候，我研究所班上的21人中，也只剩下4人還留在臺灣，我是其中之一，其他人都已經到美國去了，這也開始讓我有了出國的壓力。而多數同學出國對我也產生很大的影響，於是我開始一心一意要申請出國留學。

交大電子研究所講師聘書。
照片 / 郭南宏提供

擔任交大電子所講師期間與李其昌教授（左），於九龍宿
舍大門口合影。約攝於 1963 年。照片 / 郭南宏提供

　　我們那個時代，成大畢業的學生多半選擇到政府機構服務，
例如電信局、中國石油等等，但交大研究所的學生，最初的二、
三屆中，選擇出國的人占相當多數。直到 1970 年代，在政府政
策的支持下，臺灣電子產業由原來只是勞力密集的加工出口業，
轉而朝技術密集的高科技來進行提升發展。在這一波趨勢中，許
多擁有電子科技專長的交大學長，畢業後才沒有選擇出國，紛紛
投入創業，並且獲得成功，成為企業家，更發揮學長帶學弟、學
妹發展所產生的力量，在電子與製造產業中開創新路。所以漸漸
地，交大畢業生開始多數選擇畢業後直接進入企業界，不一定走
出國這條路了。而這些學長的例子，也成為出國留學的學弟們，
回國創業的典範。

擔任交大電子所講師期間，於九龍宿舍內留影，約攝於1963年。照片／郭南宏提供

　　我在交大的講師工作待了1年，相較其他在研究所畢業或甚至是大學畢業就出國的同學而言，我算是留在臺灣時間比較長的一位。在我們那時候瀰漫著一種氛圍，就是申請美國的學校容易，又能拿到獎學金，到美國去可以生活得很好，為什麼不去？所以出國的風氣非常盛，而且出國了大部分也就沒有回來，回來的話也是像臺灣話說的「搵豆油」，很快地一個學期，或一、二年就又回美國去了。那個時候的環境跟現在不一樣，人才可以說都被美國給吸走了。

赴美攻讀西北大學博士

我決定要出國留學後，就開始著手找學校，當時有一位上海交大畢業的學長是西北大學(Northwestern University)的專任教授，他在學術界蠻有地位的。因為有學長在那邊，所以我們就會想先試試看去申請西北大學，機會或許比較大一點。再加上我臺大同學林大同跟交大同學莊炳乾等人都在西北大學，因此我就選擇寄申請表過去，很幸運地獲得錄取（1963年9月入學）。

至於可申請的獎學金來源也很多，有來自於校方，也有來自於計畫等等，總之有多方不同的機會，有需要的人就去找符合自己條件的獎學金，提出成績單去申請。我的獎學金是來自於教授

在美國讀博士班所拍攝照片，與家書一起寄回，跟家人報平安。照片／郭南宏提供

計畫所提供，因為學校有交換學生的需求；但要交換學生來，也要有資源去支持，所以就由教授計畫中提供資源給交換學生，我提出申請就申請到了。

我是等到已經取得美國西北大學的錄取通知，獎學金也找到了之後，確定能成行，才跟家人開口講要去美國留學的事情。家母可能已先從我哥哥、弟弟那邊聽到一些風聲，她沒有表示太多意見，認為我們小孩子也都大了，有能力選擇出國也是應該的。我們當時能出國唸書，動機很明確，沒有想過如果拿不到學位的問題，都是把取得學位當做第一目標在努力，全力以赴。

我在西北大學的博士學程包括選修線性代數、數學物理、電磁動力學等基礎科學外，每天另外還花4小時以上在論文題目的研究與撰寫。

我的論文題目是*Diffraction by Dielectric Bodies*，[14] 指導教授是Martin A. Plonus。我的指導教授對我最主要的影響是他一直鼓勵我，可是首先是面對繁複艱難的數學問題及鉅量的數字，我遇到了解不出來的瓶頸。理論上我所要的答案是存在，並具有唯一性（uniqueness），且可運用近似（approach method）運算，求出答案。其次面臨的新挑戰，是更深奧的新數學，看清難題後，我立即陷入沉思嘆息，毫無進展，幾乎被打敗。而我的指導教授在看過我的論文後，認為雖然還沒做完，但裡面提出的觀點已相當

◇◇◇◇

14 Kuo, Nan-Hung（1967）. *Diffraction by dielectric bodies.* Unpublished doctoral dissertation, Northwestern University, Evanston.

拍攝於西北大學校園，照片附於家書中，可以讓家人一起看看校園景致。照片／郭南宏提供

郭南宏（右2）與大學同學林大同（左2）都在西北大學讀博士班，偕同其他博班同學於校園合影。照片／郭南宏提供

具有創見，有足夠的資格能取得學位了，於是他就推薦我可以畢業。取得指導教授推薦後，才能召開口試的委員會，在最後階段指導教授很幫我忙，如果沒有他，我想我的口試是不會那麼順利。

我將博士論文稍作修改，就投稿到麻省理工學院編的數學雜誌*Studies in Applied Mathematic*，也通過了審查獲得發表，表示發表內容上確實有創見，具有更進一步開創新領域的潛能，因為並不是每一篇博士論文都能夠獲得刊登。[15]

不過很可惜的是，畢業後我並沒有跟指導教授保持聯繫。唸博士學位的時候，有很多來自交大、臺大的同學，當時也是相處愉快；只是後來都沒有繼續聯繫下去，畢業後由於漸漸疏於問候，而失去聯絡。從小以來，我都不擅於社交，也不懂得要主動維持人際關係的方法，我日後認為這也是一種從小就需要學習、訓練的能力，我沒有做到。所以當後來有學生或小孩問我，在社交方面要學習什麼？我就只能說最好是要定期寫一些信，保持問候、長短不拘，最重要的還是要有耐心去耕耘這一個部分。

◇◇◇◇

15 Kuo, Nan　Hung and Plonus, Martin A.（1967）. A Systematic Technique in the Solution of Diffraction by a Right　Angled Dielectric Wedge. *Studies in Applied Mathematics*,46（1-4）, pp.394-407.

加拿大研究歲月與決定返臺

　　我到美國唸博士是用交換學生的身分，拿的是 DSP-66 簽證，依規定我在美國取得博士學位畢業後，就必須離開美國到其他地方服務2年，才能夠再回美國，所以我就往加拿大那邊的學校去申請找研究工作的機會。

　　事實上我到加拿大前，曾經寫求職信給美國德州的一間學校，當時他們的系主任也回覆了，因為他們需要我這樣專業的人過去，所以要我去面試，想跟我談談。收到消息，我一方面是很高興，但是另一方面我怕麻煩的個性又跑出來，讓我打消意願。後來我就放棄去德州面試的機會，直接去了位於加拿大中部曼尼托巴省（Manitoba）的溫尼伯大學（The University of Winnipeg）做1年的博士後研究，然後又換去位於加拿大西部英屬哥倫比亞省（British Columbia）的英屬哥倫比亞大學（The University of British Columbia）做了1年的博士後研究。在加拿大的這2年時間下來，我幾乎每天都是在實驗室中度過，當時我自己的感覺是，似乎都只是在研究題目上打轉，一直走不出來。

　　等加拿大第二年的工作結束後，我就隨時可以去美國申請工作。當時我雖然多多少少也有留在國外工作與生活的念頭，但是其實心理上並沒有這樣的決心，沒有強烈地感覺到自己有要留在國外、在國外找工作的理由。其實當時只要努力找，有的是機會，但是我就沒有積極想要申請，沒有很強的動力，讓我投入心力。

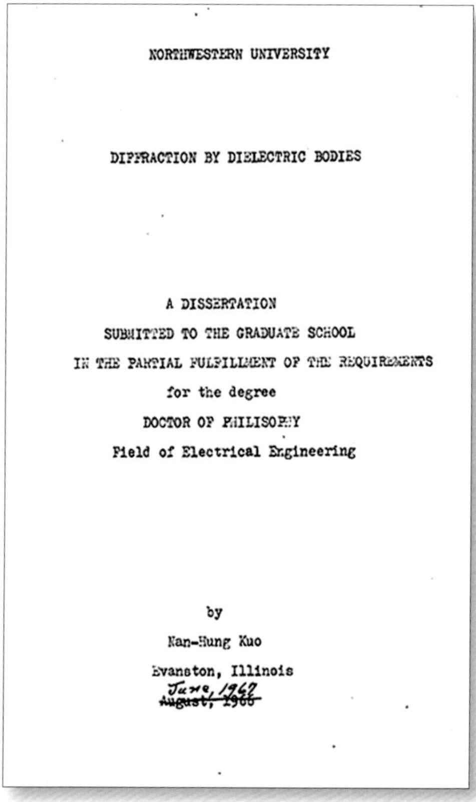
NORTHWESTERN UNIVERSITY

DIFFRACTION BY DIELECTRIC BODIES

A DISSERTATION
SUBMITTED TO THE GRADUATE SCHOOL
IN THE PARTIAL FULFILLMENT OF THE REQUIREMENTS
for the degree
DOCTOR OF PHILOSOPHY
Field of Electrical Engineering

by
Nan-Hung Kuo
Evanston, Illinois
June, 1967
~~August, 1966~~

博士論文封面。（數位化論文聯盟提供）

隨著在英屬哥倫比亞大學的工作接近尾聲，我想了想，決定乾脆回臺灣，不要再去煩惱繁瑣的申請。有了這樣的決定，心情也變得踏實許多，於是我同時寫了兩封求職信寄回臺灣，一封是寄到臺大電機系給當時的系主任許照教授，另一封則是寄到交大給鍾皎光[16]院長。這兩間都是我的母校，也是我最熟悉的地方，沒想到我很快就收到兩校的回信，都同意給我職位。那要怎麼選擇？對我來說這兩個學校都同樣好，於是我就以來信順序做選擇，我先收到了交大的回覆，就選擇交大。

回交大初執教鞭

交通大學剛開始復校只有一個電子研究所，但是後來慢慢增加了大學部四個科系：電子物理系（1964年設立）、電子工程系（1964年設立）、自動控制系（1965年設立）、通訊工程系（1966年設立）。到了1967年，教育部同意校名由交通大學電子研究所改稱為交通大學工學院，並派鍾皎光教授來擔任交大工學院院長。

1968年我回到交大任教時，已經是叫交通大學工學院，不過仍維持以電子研究所為中心。回到交大教書之初，學校數學方面的師資不夠，但是數學基礎對我們的學生來說很重要，於是我就

◇◇◇◇

16 鍾皎光（1907-1996），畢業於交大前身南洋大學本科，攻習機械工程，1938年取得麻省理工學院機械工程碩士學位，於1940年獲得同校博士學位。1948年受聘為臺灣大學機械系教授，1961年應美國密西根州立大學之邀，前往客座。1967年奉令借調為交通大學工學院院長，接掌交大。1969年因被命為教育部政務次長，從交大工學院院長卸任。資料來源：交大發展館。

回國後到交大任教，拍攝於課堂教室。照片／郭南宏提供　　　　　交大電子研究所聘書。照片／郭南宏提供

毛遂自薦要教數學。所以我開始教書的頭幾年，花很多時間在做數學教學工作，這裡的數學是指電腦科學要用到的數學，包含：物理數學、組合數學、線性代數、線性系統理論、編碼理論等課程。教數學對我來說，比較得心應手，在教學上可以少花一點準備功夫。但對我個人而言這樣有一個缺點，就是因此讓我不用花時間去準備新課程，而失去接觸新東西的機會，也少了機會去補強自己該補強的領域。

在交大裡面行政工作是由大家輪流，我到交大的第一年就被選派擔任電子工程系系主任。那個時候大家有一個共識是，像我這樣出國深造回來的年輕人，就盡量安排我做一些事情，多一些

經驗。所以我就被安排到了系主任這個行政工作，我也相當認真去面對這些公事。

身兼多職，積極為交大攬才

1969年鍾皎光院長轉任教育部次長，就改由劉浩春[17]教授接任院長，1971年交大工學院主辦民國60學年度大專聯合招生考試。每年聯招的主辦單位都是輪流，之前都是由臺灣大學、師範大學、中興大學、成功大學等幾所大學校來主辦。辦理了幾輪下來後，大家就都推薦劉浩春院長出任聯招會主委，我們劉浩春院長答應接下這個工作，成為第一次由獨立學院主辦聯招。

我曾聽過有傳言是說，劉浩春先生曾有意推辭這個主辦聯招工作。事實上，劉浩春先生是一位非常熱心的人，有這樣的機會他就義不容辭地接受。我記得他還曾這樣說：「我們怎麼可以不參加輪值，來主辦這個聯合招生？」

接手聯招會主委的工作後，他非常全心投入其中，當時交大校內教職員還不到200人，他就像帶兵一樣去主辦，辦得也不錯。可是7月聯招辦完後，劉浩春先生就累倒了，得了重病；進醫院做身體檢查，結果發現竟然是肝癌末期。1972年5月12日劉

◇◇◇◇

17 劉浩春（1910-1972），畢業於上海交通大學及中央大學航空研究班，留學英國，研習微波工程。對日抗戰期間執教於空軍機械學校高級班，作育航機人才。1949年隨軍隊來臺。1956年退役後，受聘成功大學任教。交大在臺復校後，於1960年轉任交通大學教務長。1969年由教育部聘派為交通大學工學院院長，1972年因肝癌辭世。資料來源：交大發展館。

浩春先生就不幸離世，由我來接任代理院長一職。

　　為什麼是由資歷很淺的我來接代理院長？我自己回想，就覺得完全是機運的關係。因為一來我是個不擅長到處跟人打交道建立關係的人，除了喜愛運動外，我從不曾主動去參加什麼活動；二來我也不是有什麼特殊家庭背景的人。我從來沒有想過要去爭取一個什麼位置，所以後來當了交通大學校長，現在怎麼想來都是一種因緣際會。

　　我剛到交大的第一年，就被大家指派擔任了電子工程系系主任。1971年暑假，教務長張去疑教授到美國進修講學，我又被指派接任代理教務長職務，此時已身任兩個行政工作。後來劉浩春先生重病住院，1971年12月底先生病況惡化，在醫院裡面他仍心繫校務，於是交代我代理院務。而當時劉浩春先生又身兼電子所所長，所以我也一併接下了代理電子所所長職務。就這樣我接到了代理院長的工作，另外還身兼代理教務長、代理電子所所長、電子工程系系主任。

　　我一人兼任多個行政職的狀況其實是很特別，在此之前我也只有大概3年的行政經歷，資歷還算很淺。主要是因為交大當時只有一個工學院，算是規模很小的學校，教職員還很少。再加上當時老師的陣容年紀都還是很輕，我那個時候卻已經算是老兵之一，就這樣接下了代理院長。

　　由於老師們的能力都很強，所以很多事情，像是我們很重要的實驗室物品管理跟使用時間上的安排，老師們都能規劃得很

好，我也不用管太多。當時交大學生也還很少，主要是一些儀器設備的運用和購買，這些比較繁瑣、也比較技術性。這一部分就由溫鼎勳教授來協助處理，他對實驗室的東西很有興趣，他就把大部份的事情都解決了。

交大學校小，校務內容上不算太複雜，再加上多位資深的職員，大家能力都很不錯。由於我既是代理院長，又是代理教務長，又兼代理電子所所長，公文處理上很簡單，因為都是同一人在做。在行政之外我就是認真教書，像是數學師資不夠，我就自己下去教數學，這部分我也花了很多心思。

當時交大是以電子研究所為主，大學部的4個系也都是跟電子相關，但是那個時候學校想要找電子方面畢業的博士來任教卻很難，幾乎可說根本就找不到。所以我就決定，凡是只要從美國

返交大任教後，攝於電子工程系辦公室外。
照片／郭南宏提供

交大教職員旅遊留影，與其他教職員一起打水漂，拍攝時間約為1973-1974年間。
照片／郭南宏提供

與小女兒郭玫君參加交大教職員旅遊留影。
早期交大教職員都居住在九龍宿舍，彼此感
情融洽，就像一個大家庭，學校舉辦的旅
遊活動皆會攜家帶眷參加。拍攝時間約為
1973-1974年間。照片／郭南宏提供

交大學生在竹銘館二樓的合照，拍攝於1970年4月8日交大74週年校慶日。照片/郭南宏提供

程度好的學校中，拿到物理、化學、數學的博士，就優先錄取到學校來；雖然如此人選也不多。我當時早上一進學校，就會先看收到的履歷表，看看有那些履歷不錯。只要一看到有好的人選，下午就能交給小姐去打字，馬上回信接受。

　　那個時候臺灣的大學找老師找得很兇、求才若渴，都很需要補充師資。但是像臺大或成大等，這些大學要找老師都有一定的程序要跑，可能系上開完會，還要院開會，院開會完再到學校。但是當其他學校還在開會的時候，我們交大早就已經發聘書出去了。這不是說我們有天大的本領，而是因為都是我開會，所以可以馬上就決定，這個事情是很特別，我們那個時候也因此找了6、7個不錯的老師進來。

1970年4月8日交大74週年校慶，並舉行交大工學院圖書館落成典禮。這座新蓋的圖書館是國內
第一座開架式、且有空調冷氣的圖書館。
郭南宏（中著深色西裝者）與太太趙千惠、女兒郭貞君，與交大學生於新落成的圖書館前合影。
照片/郭南宏提供

1973年4月校慶日舉行之交大工學院新建大禮堂工程破土典禮，右2為淩鴻勛老校長。後來大禮
堂經費改為建築教學大樓使用，因此該大禮堂並未興建。照片/郭南宏提供

1973年4月校慶日淩鴻勛老校長參觀博愛校區留影，左起為郭南宏、淩鴻勛、淩鴻勛夫人、淩鴻勛公子崇邁。照片／郭南宏提供

每年返校參加交大校慶一直都是校友間重要活動盛事，校方也極力安排各種豐富活動，以娛校友。照片為1973年4月8日交大77週年校慶活動，返校校友分別組成上海、唐山、北平、吳淞、新竹五支隊伍，穿著上不同顏色背心以作為識別，進行趣味競賽。照片為槌球比賽賽前合影。郭南宏時任代理院長持新竹三角旗，為新竹隊隊長。這場槌球比賽中，新竹隊獲得冠軍。照片／郭南宏提供

第四章

借調公職首嚐政壇冷暖

有一次立法委員就點名教育部長蔣彥士先生，以及我們這些從教育界被借調到教育部擔任次長和司、處長的十多位教授，像是郭為藩、施啟揚、李鍾桂還有我等等，認為我們這些人沒有經過公務人員資格考試，卻破格任用，不符合法定程序，就把我們稱作「黑官」……

接任技職司長，搭野雞車奔波的時光

1974年教育部長蔣彥士先生來了一個決定，就是將我從交通大學借調去教育部接任技職司司長，7月分我就開始到教育部上任新職。蔣彥士先生當教育部長時，大家普遍的觀感都認為他是個具有濃厚學術性的一位部長，他具有創新性，也有魄力。

當時有一個法[18]是可以讓學校裡面教授、老師，在沒有經過國家考試取得任用資格，也可直接去政府部門任職。蔣彥士先生剛開始也沒有想到以後會遇到的困難，即是這些人後來被稱為「黑官」而下台。

當初蔣彥士先生找了一些人到教育部任職，像部裡的兩位常務次長、一位政務次長，還有幾位次長。當時有些人的反應是認為蔣彥士先生在培養自己的人手，但是這些蔣彥士先生引進來擔任工作的人，都是很年輕、也有學識，就是大家口中的青年才俊。蔣先生應是希望讓年輕一輩的人到政府的這些職位上，可以做為種子，也是讓大家曉得政府有要朝引進年輕人才的方向努力。

從這裡來看，我是不是屬於適合這個職位的青年才俊？我不知道。交大在臺灣首設電子研究所，後來又成立電子領域相關科系，培養學士、碩士，1970年又培養出了臺灣第一位工學博士，

◇◇◇◇
18 行政院曾在1972年頒布過一項行政命令，准許教授、副教授、講師兼任公職，但需為業務上確有需要，並以兼任教育行政機構或文化學術機構或與其專長與學科有關的職位為限。陳揚琳，〈教育行政人員任用的困難〉，《聯合報》，1977年1月6日，2版。

除了美國之外，當時也算是世界少有，相當創新。是不是因為這樣，讓我被引進到這個職位？我不知道，恐怕也只有問蔣彥士先生才知道。

我雖然借調到教育部上班，但是家人還是住在交大的九龍宿舍中，那個時候沒有高速公路，都是搭野雞車走臺一線到臺北去教育部上班。我當時每週安排的固定行程都是：星期一上臺北、星期三回新竹、星期四再上臺北、星期五回新竹。到臺北時就住在我太太的姨媽家，就這樣有三年多的時間，很辛苦，但我都不曾缺席。

在我之前的技職司司長是陳履安[19]先生，我是接下他的棒子。老實說，我剛進技職司時，對於能如何在這個職位上發揮，其實完全都沒有概念。陳履安先生離開技職司之後，到臺灣工業技術學院（今臺灣科技大學）當校長，臺灣工業技術學院就是在他的推動之下成立。臺灣工業技術學院成立後，讓臺灣技職教育可以從職業學校到專科學校，再到技術學院，形成一個從中等教育到高等教育的完整體系，在此之前我的腦筋裡面是都沒有想過要去建立技職教育體系，也還沒有想到技術的分級，這些都是陳履安先生創建出來的。

陳履安先生對於技職教育該如何發展很有想法，也很有貢

◇◇◇◇
19　陳履安（1937-），擔任技職司司長時間為1972年2月至1974年7月。

獻。像他首先在國內倡導三明治課程（Sandwich Course）[20]，規定技術學院的四技、二技，必須是要工作2年的職校與專科畢業生才能報考，目的是在於希望學生先有工作經驗後再來學習，有了實務經驗後再回到學校進修。這樣的立意是很好，但很可惜的是，後來技術學院因為符合資格的學生來報考不多，所以只好取消這樣的規定，修改成為讓應屆畢業生也可以報考。

　　陳履安先生是一位說做就做的人，在他任內對技職教育也做了重大改革。由於因應當時的經濟發展需要，教育部就開放技職專科教育學校成立，當時有多達50所五專出現。數量一多，就會有良莠不齊現象發生，陳履安先生於是就停止新設學校，並大刀闊斧進行整頓，甚至針對辦學不佳的吳鳳工專處以停招處分。[21]

首度舉辦「專科學校評鑑」

　　就在我去教育部的時候，部裡已經規劃要辦理專科學校評鑑制度，我一上任後就開始著手進行，1975年開始實施第64學年

◇◇◇◇

20 始於英國，是指融合理論與實務的一種課程安排方式，由於課程安排常採「理論—實務—理論」或「實務—理論—實務」之方式進行，型式上很像三明治，所以稱為三明治課程。又因為學生一方面工作，另一方面讀書上學，所以也稱為工讀交替制課程。參見教育部教育百科，網址：https://pedia.cloud.edu.tw/Entry/Detail/?title=%E4%B8%89%E6%98%8E%E6%B2%BB%E8%AA%B2%E7%A8%8B（下載日期：2018年10月1日）。

21 教育部於1973年5月14日勒令吳鳳工業專科學校，於民國62學年度停止招生，並限期改善。這是第一所因辦理不善，而被教育部勒令停止招生的五年制專科學校。至隔年該校仍未依照教育部規定，完成校務應行改進事項，故於1974年6月21日又被教育部勒令民國63學年度停止招生，進行第二次停招處分。

度專科學校評鑑。這個專科學校評鑑，是教育部最早辦理的學校評鑑，可說是一項創舉，相當受到矚目，我也在辦理評鑑上投入相當功夫。

專科學校評鑑工作，是以分類分年辦理，每四年輪評一次。照理說這個評鑑應該是從業界跟專科教育界中去找專家，但是當時臺灣工業界還處在進口組裝階段，產業內技術的專業度還不夠。臺灣早期工業是以進口為主，後來行政院經建會在李國鼎先生的領導下，開始推動「進口替代」，即是自己可以製造生產，讓產業能自給自足，不需仰賴進口，進入進口替代的時代。

然而要進入進口替代，還需有一段時間努力，就是業界人才還不成熟，還要經過幾年的磨練才可以帶動工業一步一步往上提升。以當時條件，無法從業界找到評鑑委員。那專科教育界雖然可以找，可是裡面的專家人數也不夠，就算調派專科的老師來當評鑑委員，卻會有球員兼裁判的問題。基於上面因素的考慮，所以我乾脆就都從大學裡面來找評鑑委員，每一科召集人也是從大學裡面去找。

評鑑是依照分類再分科，分別有電機、電子、機械、土木等等，那我就去請臺大那邊相關科系的教授來當各科召集人，組成一個團隊。由於沒有規定評鑑委員只有大學出來的才可以擔任，或非業界出來的不可以，因此要怎麼樣去找合適的評鑑委員，就由召集人去傷腦筋，由他們各自去處理，選出適當的評鑑委員，後來也都是由大學教授擔任。

我當時也知道這樣的安排其實不算是很合適，但大致上不會有大錯。那時候有一些聲音出來，批評評鑑的這個部分。但不是我們盲目，而是當初的環境條件下，可以借用的資源就只有那麼多，我盡量利用現有資源，做好這件事情。

　　辦理專科評鑑的時候，我都會跟著評鑑委員一起前往評鑑的學校，但我並不參與評鑑過程，也不發表跟學校有關的任何評論。因為評鑑中評鑑委員才是裁判，那我既不是裁判也不是球員，我只是跟著大家走，去看看評鑑過程是不是順利，順便也參觀、了解校園而已。畢竟親自走到校園裡面，會比只是坐在公文桌前透過讀公文，了解更多、看到更不一樣的東西。到那裏基本上我就只是扮演一個觀察的角色，評鑑就由評鑑委員照著規矩來做，我不做任何可能會影響評鑑結果的事情。一場專科評鑑辦下來，全臺灣的專科學校我應該都有去過一輪了。

　　這個專科學校評鑑做完之後，各界的評語也很不錯，多數認為值得鼓勵，沒有很惡劣的批評。多數學校也根據評鑑需求規範充實設備，跟著我們擬定的一個辦學方針，改進教學體系，我們自己也覺得說辦得還可以。評鑑經過幾年後，要來找委員就容易多了，因為我們工業也已經發展到一定程度，所以後來我們要找委員或編訂教材的困難就都沒有了。

吳鳳工專事件遭致流言中傷

　　吳鳳工專是在陳履安先生任內因辦學不佳的關係，而被處以停止招生，到了我任內辦理恢復招生。吳鳳工專的恢復招生並非根據評鑑的結果而來，因為當時評鑑才剛開辦，我們還在進行評鑑資料的蒐集，尚在規劃如何處理評鑑結果。

　　吳鳳工專之所以恢復招生，是因為有一次蔣彥士先生到南部視察，他經過吳鳳工專時，認為這個學校的硬體設備還算不錯，不應閒置荒廢在那裏，再加上這個學校已經受到停招處分，應該再評估學校改善的進度。所以他在口頭上就提了一下，認為裡面會不會有矯枉過正的問題？因為如此，所以我才交代技職司的科員，說：「這個要先辦。」經過評估後，也確實有改善了，就讓吳鳳工專恢復招生，[22] 只是沒有想到這件事情還有後續。

　　就在吳鳳工專恢復招生後，過了一段時間，有一次蔣彥士先生把我叫去，先跟我提到他聽說有人送東西來給司長的事情。蔣彥士先生說得很客氣，講了半天我才意識到，原來蔣彥士先生聽到的是吳鳳工專之所以能從停招到復招，是因為我從中收了好處去運作出來的結果。我知道被蔣彥士先生懷疑了，當時我聽到這個話，很奇怪，反而心裡很平靜，當下也沒有想要馬上解釋，或想去調查是誰說的，因為我沒有做這樣的事情，內心很坦然。後來可能蔣彥士先生弄清楚，他就跟我說：「抱歉，這個事情跟你

⟡⟡⟡⟡
22　1975年6月教育部因吳鳳工專校務有所改進，而同意其恢復招生。

無關。」

　　我還記得，後來我到高雄工專當校長時，吳鳳工專創辦人彭文鴻女士帶著孫女到高雄工專的宿舍找我。彭女士一看到我就先跟我一鞠躬，說非常謝謝我，還說當初我沒有被冤枉，真是太好了。

　　吳鳳工專付錢給我這件事情，應該就是我在技職司任內最大的流言，這種牽涉到錢的流言，往往傷害蠻大。不過還好後來蔣彥士先生了解我的為人，所以日後當我要從國科會主委退下來時，蔣彥士先生還打了多次電話給我，說要幫我安排，希望我能繼續留下來做事。因為他認識我的為人，知道我不是為了個人利益而來做官，他信任我。他還說：「還有好多事情要你來做」。但是我離開國科會主委的職位時，已經在麥克風前宣布我要退出了，所以我也有我的困難。

黑官爭議萌去意，重返交大任職

　　有一次立法委員就點名教育部長蔣彥士先生，以及我們這些從教育界被借調到教育部擔任次長和司、處長的十多位教授，像是郭為藩、施啟揚、李鍾桂，還有我等等，認為我們這些人沒有經過公務人員資格考試，卻破格任用，不符合法定程序，[23] 就把我

<hr />

23 1977年1月5日立法院法制委員會召開會議檢討教育部人事行政，立委們對於教育部部長、次長和司、處長大多數兼職情形表示關切，認為身兼數職，難免顧此失彼，更可能會貽誤公事，並阻擋了內部人員升遷機會。〈教部高級主管多兼教職 立委認為違反人事制度〉，《聯合報》，1977年1月6日，2版。

們稱作「黑官」。

　　早期必須要兼有學歷，又要已通過一關一關國家考試的人才根本很難找。雖然政府另有設甲等特種考試，可以讓官員取得公務員資格，但是我們這些教授被借調到教育部，並沒有取得這樣的資格，就變成黑官。

　　這個黑官事件爆發後，我受到相當影響，萌生去意。我認為我來接技職司司長職務，並非沒有付出，除了工作上我全力投入，也犧牲了一些個人的生活，畢竟我為了這個工作往返於新竹、臺北之間，都不曾缺席。蔣彥士先生知道我的意思，但是他認為已經來到了這個職位上面，還是應該要好好將工作再做完一個段落，才算任務結束。所以他就勸我們留下，提出為了彌補我們的損失，他願意個人來負責，我聽完就馬上婉拒蔣彥士先生好意，我既然選擇來到這個職位，就是為了把事情做好，不為其他目的，更沒有理由要讓蔣彥士先生來承擔彌補我們的責任。

　　沒想到1977年4月分在宜蘭發生了蘇澳港沉船事件，當時有一批師生在蘇澳港搭船，結果發生沉船，造成重大傷亡，相當不幸。這件事件發生後，蔣彥士先生就請辭下台，[24] 我們有多位被點名黑官的年輕學者，也跟著紛紛離開教育部，各自返回校園。我是10月之後歸建回交大，結束了3年多的技職司司長工作。

　　現在回想起來，我接技職司司長的工作，很像是客串。因為

◇◇◇◇

24 1977年4月18日，北區公私立大專院校師生聯合訪問團，前往宜蘭搭船參觀蘇澳港建設工程，卻發生沉船意外，共有32名師生不幸罹難。教育部長蔣彥士於事發隔日主動請辭獲准，由李元簇接任。

我是跨領域到技職教育中，也像是從前面陳履安先生手中接棒，將前面要建立的工作，接下去傳承與執行，然後到我卸任後再將棒子交給下一位司長，形成一棒接一棒的接力部隊。這3年多的時間，並不算短，我走訪了很多學校，也實際接觸到教育政策的制定與運作，對我而言，這些經驗打開了我的視野。

　　　郭南宏口述歷史

第五章

再任交大掌舵手

我當校長時還很年輕，如果以交大來臺後的發展來
說，也是個很年輕的學校。與其說我當時有多大的
能耐，能掌舵一個這麼優秀的學校，不如應該是說
怎麼我運氣這麼好！事實上，我認為當時是有一股
慢慢凝結出來的力量，裡面有交大校友作為後盾，
還有時勢所趨……

接任高雄工專校長，開展新視野

1977 年 10 月，我歸建回交大重執教鞭，接任蔣彥士先生擔任教育部長的李元簇先生告訴我，高雄工專會有校長缺額，他希望我考慮一下，能到那邊去擔任校長。可能他認為我很適合過去，在他的邀請下，我考慮後就決定接受，並於 1978 年 2 月履新。

這個決定是一個很大的變動，因為我必須從交大這邊辭職，舉家搬到高雄。不論對我或者是我的家人而言，都是到一個全新的陌生環境中，重新開始適應生活。不過我對這個變動是抱持著樂觀，雖然當時也不知道能在這個職位做多久，但因為我跟我太太的老家都在臺南，就覺得到高雄後，要回家就很近了，這是一件好事。

當時高雄工專的校長宿舍是日本時代的房子，位在熱鬧的菜市場旁邊。我跟家人剛過去的時候還沒有整修，老鼠滿地跑，我覺得是可以忍受過去，一切隨遇而安。現在想起來，那個時候好像沒有特別去問太太，面對新環境有什麼樣的想法，就把她帶到高雄去了。

我到了高雄工專後，面對的是一個跟大學不同的專科學制團體，校風、行事風格都迥異於交大，比如說早上學生要排隊開朝會，還要唱國歌、升旗等等。現在想來能踏出交大到高雄工專，對我來說是很好的經驗，也給我帶來不一樣的刺激。

剛就任時，我先觀察並了解高雄工專的校內文化，並試著去理解學校的需求，以及思考學校是不是需要改變？我雖然是校內最高的管理階層，但我並不急著去下指示要大家照我的想法去做，而是先尊重當時學校慣有的運作規則來辦事，聽校內人員的意見，融入校園團隊裡面。我那個時候還特別從交大找了周勝次教授一起過去高雄工專，請他擔任教務主任。

　　我在高雄工專的時間雖然短暫，但是這期間學校教職員對我的反應還蠻不錯，大家對我應該還算滿意。因為覺得我沒有校長的架子，跟他們平起平坐，沒有一點官僚的氣息，還有盡量聽他們的意見，很快幫忙解決問題。在這裡讓我開始學到如何從對方角度來思考問題，以及依照對方的需求來解決問題，我覺得在這裡我是進步了。

　　高雄工專學生的上課狀況水準也是很好，因為高雄工專一直是南部最好的專科學校。並不是所有的初中畢業生都選擇考高中，進來高雄工專的學生，都是不走升學高中這條路的優秀初中畢業生。

　　在高雄工專的時候，我也會找學生打桌球，其中有三民國中桌球校隊的同學升學到了高雄工專，球技讓我印象深刻。那個學生國中時代就是桌球冠軍，等於是桌球界中優秀的種子，如果可以好好繼續培養，應該能有優秀的發展。我有機會跟他打球，不論我怎麼打過去，他都能將球送回到我可以打到的地方，讓我好驚訝，跟這樣的選手打球真的非常過癮！

所以假如有那樣一個可以注重運動，能塑造跟培養運動人才的環境，我相信臺灣運動風氣會更盛。很可惜，我們一直都沒有辦法創造出那樣的環境。

戲劇化成為交大首任校長

關於我為什麼又回到交大接任工學院院長，回想起來是很戲劇性。當時我已經舉家搬到高雄，但因為發生盛慶琜先生請辭交大工學院院長，交大老校長凌鴻勛[25]先生出面把我找回去接掌交大。

當時的狀況是，一場交大在臺北舉辦的茶話會中，年事已高的凌鴻勛先生到我旁邊說：「這一次要你回到學校來繼續擔任校長。」

我一聽到他親自開口，就點點頭答應了。

凌鴻勛先生非常受到老學長們的敬愛，他有什麼事情來學校，都會有人或者是家人陪伴，我們年輕一輩也相當尊敬凌鴻勛先生。

◇◇◇◇
25 凌鴻勛（1894-1981），字竹銘，1910 年以官費生考入郵傳部上海高等實業學堂（1911 年改名南洋大學堂，1912 年改隸交通部更名為交通部上海工業專門學校，交通大學前身）就讀。1915 年由交通部派往美國為「美國鋼鐵公司」旗下「美國橋梁公司」實習生。1918 年返國，得到交通部次長葉恭綽先生重用。1924 年至 1927 年間任交通部南洋大學（後更名為國立交通大學）校長，時年僅三十一，為當時中國最年輕之校長。凌鴻勛來臺後，於 1951 年至 1971 年為中國石油董事長。1957 年出任「交大電子研究所」籌備主任，為推動交大復校過程中的重要人物，交通大學校友都尊稱凌鴻勛為「老校長」。今日校園內的「竹湖」、「竹銘館」，及與清華大學共同舉行的「梅竹賽」，皆以凌鴻勛的字——「竹銘」為名。資料來源：交大發展館。

1978年接任交大工學院院長，1979年交通大學工學院恢復為交通大學，接任第一任交通大學校長。左為國立交通大學工學院院長聘書；右為國立交通大學校長聘書。照片/郭南宏提供

　　我其實不太清楚淩鴻勛先生為什麼有這樣的決定，我想這一定也不只是他個人的意見。我曾接觸過不少位交大的老學長，不論是上海交大、唐校、滬校、平校的老學長都有，我碰到的學長都是給人很純樸、腳踏實地的印象。他們可能對我帶著像鄉下人一樣的個人特質也很欣賞，當然也可能是我之前在交大的做事態度跟方式，得到了這些老學長、校友們的賞識。

　　外界常常都會認為，交大校友很喜歡插手交大校內事務，不過在我自己接觸校友會的過程中，並沒有遇過這樣的狀況。校友提出建言，在態度上都還是很尊重校方的意見。交大的特色是校友很團結，也很認同學校，樂意回饋學校。基於愛護學校的心，他們也期盼學校這個團隊能夠完整地發展下去，讓交大更好。

　　1978年我結束高雄工專的工作，9月就重新回交大接任工學

院院長。1979年教育部同意交大恢復大學名稱為「交通大學」，我就成為了交通大學第一任校長。

校友為後盾，突破難關取得校地

　　從我1968年回國進入交大教書，到1978年回到交大擔任校長，也有10年之久。但是我跟交大的連結，是1958年考上交大電子研究所，成為第一屆電子研究所學生就開始了。我擔任交大校長後，一直到1987年被延攬入閣當交通部長，屈指一算也有11年的時間。我的人生中有超過20年的時間，都是在交大度過，也見證著交大的成長歷史，一步一步發展到今日的規模。

　　交通大學在臺復校的路走得並不容易，不像清華大學是由梅貽琦校長帶著庚子賠款來臺，又取得中油提供的幾十甲土地，一開始就有良好的復校條件。交大是靠著多位交大老學長的辛苦奔走，以及校友的支持下，才完成復校。校址就在博愛街上，取得的校地三甲多，非常狹小。

　　我們交大雖然成立，但發展的第一階段就遭遇到土地小、經費少的困難。這個困難就是全靠著校友們的幫忙來克服，透過校友捐款，讓學校的財務經營得以順利。交大的第一棟大樓「竹銘館」，就是由海內外校友們捐募，以及美援基金協助才得以蓋起來，非常有意義。

　　交大校地過小，一直都是學校發展上面的問題，曾經有一度

交大光復校區行政大樓與工程一館落成於1980年5月，是光復校區繼1979年1月落成之管理館、學生七舍、第一餐廳後，第二批落成之建設，同年9月校本部正式遷移到光復校區行政大樓辦公。校本部搬遷後不久，逢小姨趙乃賢博士（後排右1）與其夫婿廖一久博士（後排左2）攜2子（前排右1、2）來訪，郭南宏夫妻（郭南宏後排左1、趙千惠後排右2）攜小女兒（前排左1）接待參觀新校區，並於行政大樓前合影。約攝於1980年年底。照片／交大發展館提供

1987年郭南宏校長與王安博士合影於博愛校區圖書館「協建本館（圖書館）捐贈臺幣壹萬元以上芳名錄」石刻前。王安學長（左）當年捐贈美金壹萬伍千元予母校交大。照片／交大發展館提供

因高雄願意提供澄清湖附近大片土地給交大使用，讓交大有了決定南遷高雄的計畫。這個消息出來後，新竹地方積極爭取交大留下，後來蔣經國先生知道此事，認為政府當時已有打算在新竹建立科學院區，交大怎麼可以搬走呢？所以後來就協助交大，於1978年取得光復路上的陸軍威武營區，作為交大光復校區。

　　土地能順利取得，主要是有賴於費驊[26]學長在政府高層內奔走。當時我又重新回來接掌交大，光復校區也已有規劃藍圖，所以我很快就能帶領交大搬遷到光復校區。

◇◇◇◇

26 費驊（1912-1984），1934年畢業於上海交通大學土木工程系。1945年自願來臺參與建設交通、水利、都市等發展建設，先後曾擔任過諸多公職。熱心於交大復校工作，任行政院秘書長期間居中協助交大取得校地。

掌握時勢，全力培育電子科學人才

交大復校選擇成立電子研究所，是因為在美國一批老學長們具有遠見，例如趙曾玨[27]先生、潘文淵[28]先生、朱蘭成[29]先生等。他們已在美國投入電子科學領域的研究，並取得優秀的發展成果，已經看到了未來電子科學的發展，對世界必定會產生重要影響。他們向淩鴻勛先生建議，交大復校一定要創建電子研究所，發展電子科學。

淩鴻勛先生是交大復校最核心的人物，他曾是交大的老校長，來臺後擔任中油公司董事長，為人謙遜，校友們對淩鴻勛先生都非常尊敬。他是最關心交大復校的人，因為他的關心，凝聚校友的力量，當時像是方賢齊先生、錢其琛先生等等，很多校友

<hr>

27 趙曾玨（1901-2001），1924年畢業於上海交通大學電機工程學系，1928年赴美國哈佛大學深造，1929年獲電信工程碩士學位。1949年舉家遷美，1957年起於哥倫比亞大學任高級研究員，至1966年退休。1956年趙曾玨致電臺灣校友會及淩鴻勛老校長，倡議交通大學在臺復校，並建議先成立電子研究所以培育高級人才，對交大在臺復校有深遠影響。1983年獲新竹交通大學頒發名譽理學博士學位。資料來源：交大發展館。

28 潘文淵（1912-1995），1935年畢業於上海交通大學電機系，1937年以公費生赴美國史丹佛大學深造，1940年取得該校博士學位。取得博士學位後，任職美國麻省劍橋的電波放射實驗室。1945-1974年任職於RCA公司的普林頓實驗室，在美期間熱心協助交大尋找師資及洽購設備。1968年受交通部長孫運璿委託，為交通部及電信研究所組織顧問團，協助策劃技術研發的方向。1973年受費驊邀請與方賢齊共同討論國家未來科技發展方向，並決定朝電子業發展，於1974年提出開發積體電路（IC）技術之建議，為臺灣成為日後科技王國之重要推手。參見王章清、趙錫成、趙曾玨、楊天一、場裕球、史欽泰，〈大將以下無棄材 — 紀念潘文淵博士〉，《友聲》349（1995），頁40-46。

29 朱蘭成院士（1913-1973），1934年畢業於上海交通大學，1938年於美國取得麻省理工學院博士學位。學術成就享譽國際，榮獲中央研究院院士、美國科學院院士。1958年交大復校後，積極協助聘請國外名師至交大開課，朱蘭成院士從1961年起至1973年過世前，每年之春至夏季皆熱心返回母校授課，張俊彥校長為其指導之高徒，造就交大無數英才。參見張俊彥，〈懷念吾師朱蘭成院士〉，《友聲》355（1996），頁89-90。

熱心出力，所以我們交大發展才能順利起步。

我在1968年剛回交大教書時，交大已經從原來只有一個電子研究所，又多了大學部4個科系：電子物理系、電子工程系、自動控制系、通訊工程系，並且已經於1967年改制為交通大學工學院。我回來這一年，電子研究所增設博士班，收了第一屆博士生，有張俊彥、陳龍英、謝清俊三人。張俊彥是第一個拿到電子所博士學位的人，也是臺灣第一個本土培養出來的工學博士。

1978年我擔任交大校長後，仍繼承著老學長們規劃，往電子科學領域發展的方向走。因為這個方向是正確的，把電子研究的基礎奠定下來，這就是交大發展的第二階段。當時可能有些聲音，認為我都以電子優先，面對這樣的意見，我都很小心處理、好好說明。當時交大已經有能力培養出博士，所設立的科系都要成為能培育種子的沃土，把學生好好訓練成為優秀人才，我也盡力推動許多建教合作案。

交大發展的第三階段，就是交大畢業生進入產業界中，成為產業中開創與穩定的力量，交大可說是臺灣高科技產業的推手，也是高科技人才的搖籃。這些學生在產業界取得成功，也回饋到母校，也成為交大持續向上成長的力量。

我當校長時還很年輕，如果以交大來臺後的發展來說，也是個很年輕的學校。與其說我當時有多大的能耐，能掌舵一個這麼優秀的學校，不如應該是說怎麼我運氣這麼好！事實上，我認為當時是有一股慢慢凝結出來的力量，裡面有交大校友作為後盾，

1982年6月19日交大舉行70年度畢業典禮，同時頒授方賢齊學長名譽博士學位，為交大頒贈之第二個名譽博士學位（第一個是頒贈給淩鴻勛老校長）。方賢齊畢業於上海交通大學，對戰後臺灣電信事業發展有卓越貢獻，對於交大在臺復校付出相當大的心力。頒贈典禮當天有多位老校友亦出席，參與盛事，留下合影。
左起郭南宏夫人趙千惠女士、郭南宏、方賢齊夫人王遠和女士、方賢齊、吳柏楨夫人、吳伯楨、唐慧貞女士（《友聲》編輯）。照片／郭南宏提供

還有時勢所趨。我抓住了這個時機，也配合這股力量，儘快地朝著對的方向去做，把學生、人才培養出來。我當交大校長共11年的時間中，事實上就是掌握住時機，腳踏實地平穩向前。

主辦大學聯招，創下零缺點紀錄

有一件特別需要說明的事：1980年交大主辦69學年度大學

1986年交大建校90週年校慶活動中,盛事之一為「校史館」揭幕啟用,是交大開始收集與整理校內文物史料的第一步,目的「以展示本校歷年在教育上之卓越績效,並激勵員工學生發揚交大傳統精神,為國家社會創造更輝煌之貢獻」。揭幕儀式中邀請到了前院長鍾皎光先生(佩戴胸花者左1)、殷之浩學長(佩戴胸花者右3)、前院長盛慶球先生(佩戴胸花者右2)等為重要嘉賓。攝於1986年4月13日。照片/郭南宏提供

1986年適逢交大建校90週年,辦理擴大慶祝活動,第一階段為4月8日至13日聚餐與校園活動,共有千餘位師生校友攜家人從各地前來參加,郭南宏(左2)與返校老校友合影。攝於1986年4月12日。照片/郭南宏提供

交大教職員之間感情濃厚，1986年交大教職員在教職員聯誼廳（位於第二餐廳3樓），替校長郭南宏舉行50歲生日祝賀會。照片／郭南宏提供

參訪上海交大時與交大創辦人盛宣懷銅像合影，右為郭南宏的指導學生李進洋。照片／郭南宏提供

1993年交大授予吳大猷（右2）名譽博士學位，當時交大校長為鄧啟福。郭南宏伉儷（左1、左2）、前校長盛慶琜（左3）受邀參加典禮。照片／郭南宏提供

2011年交大授與翁啟惠（右2）名譽博士學位，當時交大校長為吳妍華（右1），前校長張俊彥（左2）與郭南宏（左1）皆受邀參加典禮。照片／郭南宏提供

1990年10月接受西北大學頒發榮譽校友獎。照片/郭南宏提供

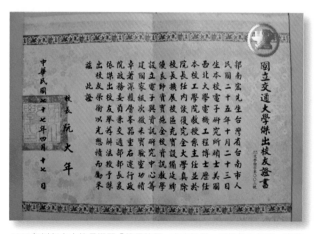

國立交通大學傑出校友證書

郭南宏先生台灣省台南市人民國二十五年十月二十三日生本校電子研究所碩士美國西北大學電機工程博士歷任本校工學院教授並除院長任內於校務完全大學院長兼電子資訊科技教育研究中心主任延攬優良師資充實設備設立國家級次微米實驗室等設立電子與資訊研究中心等院政務委繁延歸國奉卓著深獲交通大學復校績效長謀發展校區延攬法依出校友舉辦法故出校長隆衛以光復院政務校榮舉法於保出校榮衛以光譽而屬不衰茲此證

校長 阮大年

中華民國八十七年四月十七日

1988年以任交大校長期間「擴展校區、充實設備、延攬優良師資、實施全校資訊教學、設立電子與資訊研究中心、籌建國家級次微米實驗室」等貢獻獲頒交大傑出校友。照片/郭南宏提供

聯招，當時已經是電腦閱卷、分發。[30]由於電腦就是交大的專長，當時主要由交大計算機中心的黃國安先生（交通大學計算機中心第八任主任）跟張仲陶先生（交通大學計算機中心第七任主任），領軍進行這一項重要工作。

他們花了一段時間規劃、模擬、測試，最後整個大學聯招辦下來相當成功，特別是報紙報導為「零缺點」，這是非常不容易的事情。因為在這之前大學聯招或多或少總是都會發生一些大大小小的問題，但是到我們交通大學主辦的這次就非常順利，所以才被媒體指出是「零缺點」。

媒體的報導會讓大家以為，這個大學聯招「零缺點」的結果都是校長的功勞。其實不然，完全都是靠交大同仁的專心齊力、自動自發的結果。

外面有很多人問過我：「這件事情，是不是校長特別下了什麼功夫？」

我的答案都是：「完全沒有。」

我身為校長，就只是每天在關鍵時間去外邊繞一圈，我甚至都從來不曾進去跟同仁們講過，像是「大家要認真啊！」這樣的話。因為交大的同仁們，一向都是抱著「全心全意，做到最好」的態度來面對工作，所以這次主辦大學聯招能達到「零缺點」的成績，全然都是交大同仁們的功勞，是他們努力不懈的成果。

◇◇◇◇
30 大學聯招是從1972年（61學年度）開始改由電腦閱卷、統計、分發、複查，當時是由臺大電腦中心研發處理。

我們交大沒有培養更多軟體的人才，這個很可惜，應該之後能培養多一點軟體人才。尤其是現在虛擬實境（Virtual Reality, VR）軟體方面，需要更多軟體方面的人，才能夠把這個VR的技術做得更好。

風雨無阻的運動校長

我的運動習慣是從小時候游泳開始養成，但球類運動則是比較晚才開始接觸，出國後才開始打桌球。我在美國西北大學唸博士班3年，剛好認識一些中國學生，就開始跟他們打起桌球。我記得有一次舉辦桌球雙打比賽，當時最強的對手是一對臺灣留學生搭檔。他們倆人打球很有默契，球技也很好，大家都認為他們勝券在握，穩抱冠軍。

不過有一個韓國人桌球也打得很好，他想參加比賽，卻一直找不到搭檔。他看我也是孤單一人在打球，就跑來問我有沒有意願跟他搭檔出賽？我想想答應了，於是我們兩人就組成一隊，沒想到竟一路過關斬將、打進決賽，有機會跟臺灣留學生搭檔一較高下。決賽時我把輸贏放一旁，只專心一意想著把球打好，沒想到我跟那位韓國人，竟意外擊敗了原本最被看好的臺灣留學生搭檔，取得了冠軍。

學成回國後，尤其是當了交大校長，開始踢足球、打籃球，我對於籃球運動尤其相當熱衷。然後又打網球，主要也是因為當

郭南宏（背對鏡頭左2）與學生在足球場練習。照片中的足球場
即是現今交大博愛校區的大草坪。照片/郭南宏提供

了校長後，校長想打球，才能很容易找到伴。我是每個時期就只有專攻一項球類，這樣才能把球技練好，因為要我同時玩好兩種不同球類運動，沒有那樣的能耐。我玩球也大概有一個趨勢，就是從小球慢慢打到大球。

到了擔任交大校長後，有一天我突然有一個靈感，覺得想要打好籃球，但是因為我個子不高，我就想應該要找到適合我的打法來練習。所以我第一個就是先練習投籃，熟練進球技巧，接著再練習能夠在投球落下後，能快速出手抓到球，然後是運球。我是住在九龍宿舍，從後門出去就是清大，所以我都是到清大球場練球。那個時候我每天早上都去清大球場練習，幾乎是風雨無阻。

有一天早上練球的時候，被一位清大的教授碰見了。他仔細一看原來是我在練球，相當吃驚地說：「原來是你在練球！我一直以為是哪個高中生為了考體育系，每天早上來球場苦練。」

我那個時候就是勤練到這樣的程度。有的時候下場跟同學或教職員一起玩球，個人可以得到十幾分，我就很滿意了，覺得這樣很好。

打球之餘，游泳是我長年固定一直維持的習慣，我後來也開始跟交大、交通部電信研究所的早泳隊，一起組隊去參加體育署每年舉辦「泳渡日月潭活動」。這個活動時間都是安排在中秋節前後。1999年那次我是個人報名，沒想到參加完活動一星期後就發生了921大地震，日月潭受到重創。隔年活動仍有持續舉辦，

擔任校長期間，在運動上與學生打成一片，與學生相處融洽。這張照片是當時導師班的電研二學生特地致贈的合照，作為紀念。攝於1983年10月15日。照片/郭南宏提供

但我就沒有再去參加過。

在學校我很常跟同學一起運動、一起打球，也常常鼓勵學生運動。有人說我是交大校長裡面對梅竹賽最熱衷的校長，是因為我認為既然已決定要參加運動比賽，就要好好投入，而且運動只要透過勤加練習，就能有所進步。運動練習的過程不只能增強體力，也對耐力的培養很有幫助。為了鼓勵同學練習，所以我才曾經帶著同學每天早上練跑，能有充分準備去參加梅竹賽。

日後在路上碰到畢業一段時間的學生，他們看到我都會跑來跟我打招呼，說他曾經跟我打過籃球，很懷念跟校長打球。我沒有想到同學們會印象這麼深刻，這個是很特別也很值得一提的事情。連媒體在報導中，也曾被稱呼為「運動校長」。

因為怕手受傷，郭南宏幾乎不打排球，很難得地留下打排球的影像。這張照片地點為博愛校區網球場。照片／郭南宏提供

我確實非常熱愛運動，也一直保持運動的習慣，也讓認識我的人有這樣根深蒂固的印象。以至於到現在，只要碰到以前的師長或老朋友，大家都會問我：「你現在有沒有游泳？有沒有在做什麼運動？」

如果我回答沒有，大家必定會有志一同地接著說：「要運動啊，要動啊！」每個人碰到我都談運動，幾乎都這樣。

登玉山紀念旗幟。
照片／郭南宏提供

與同學一起在博愛校區的籃球場合影。後面建築為舊圖書館,今已改為學生活動中心。
照片／郭南宏提供

在校長任內多次帶領學生進行登山活動,此為其中一次於阿里山的留影。照片／郭南宏提供

郭南宏（後排中）曾帶領交大第四屆大學部學生登上玉山，下山時打算從阿里山搭乘小火車下山，但小火車卻因故停駛，大家只好步行下山。下山的其中一段路程是沿著火車軌道行走，因為經驗特殊，故留下影像紀錄。
照片／郭南宏提供

郭南宏（前排左4）不只鼓勵學生在運動場上運動，也會帶領學生走到戶外，照片為率隊前往中
部橫貫公路進行健走留影。照片／郭南宏提供

郭南宏（左2）與學生一起進行中橫健走留影。照片／郭南宏提供

因熱愛運動，留下許多從事運動時的照片。照片／郭南宏提供

1989年12月10日與交大校友林洽民（編號1072者）參加路跑活動。照片／郭南宏提供

任交通部長期間，接受轉任觀光局局長毛治國邀請與安排下，偕同家人一起前往秀姑巒溪泛舟。
左起郭南宏、小女兒郭玫君、太太趙千惠、大女兒郭貞君於泛舟時合影。照片／郭南宏提供

交大長青教聯隊獲得大專教職員網球賽長青組第4名，由右至左為鄧清政、洪金郎、李維明、郭南宏、鄭永傳、郭崇傑。照片／郭南宏提供

退休後，熱愛運動的郭南宏仍積極參加各種比賽活動，照片為1992年參加交大校友高爾夫球聯誼
賽留影。照片／郭南宏提供

2000年郭南宏（第1排左3）與學生合影。照片／交大發展館提供

2000年郭南宏（身著白夾克，深色短褲者）與運動團隊合影。照片／交大發展館提供

第六章

回首內閣生涯

我任交通部長的時候，正好碰到臺灣由管制進入開放時代的轉捩點，我可以說是搭上了「開放」的時機。1984 年俞國華先生任行政院長時，提出了「自由化、國際化、制度化」的施政目標，我入閣即依照當時政府指示往「開放」方向走……

轉換跑道接任交通部長

　　1987年4月，從接獲我被延攬入閣擔任交通部長的消息到開始上任，在時間上是短暫而匆促，只有一個星期左右。[31]在此之前，我並未獲得任何詢問跟風聲，就是突然被通知要接交通部長的位置。我就這樣由交通大學轉換跑道到交通部，等於是從學術領域轉入內閣行政體系，也從此踏上內閣閣員的公職生涯。

　　為什麼我會被找去擔任交通部長？當時曾有媒體報導，說我是因為在交大主辦69學年度大學聯招時，創下零缺點紀錄，受蔣經國總統召見而獲得賞識。但是事實上辦聯招是大家的工作，是一件大工程，我當時身為校長只是做決策，然後號召大家組成一個團隊來執行，所以零缺點的成果是一個團隊的成績，而非個人的成績。這項成績，應該也只是評斷我之所以有能力入閣的一個參考點而已。

　　另外，比較重要的應該是交大校內具有相當多的人才可以配合，像是運輸、管理、電信、電子等領域，交大都發展得相當好，剛好也涵蓋當時國家想極力推動建設的重點領域。在產業上，政府也有意引進高科技產業，來帶動國內工業升級。

　　早在我擔任交大代理院長時期，當時的行政院長蔣經國先生，連同教育部長蔣彥士先生、經濟部長孫運璿先生，就曾在1973年1月31日到交大視察，他們相當關心交大在電子領域的研

◇◇◇◇
31　總統令於1987年4月22日公布，4月29日上任。

1987年4月23日星期四《中國時報》第3版。

轉任交通部長時，交大為郭南宏舉辦恭賀酒會，眾多師生出席。畫面中致詞者為當時擔任教務長的陳龍英教授。照片／郭南宏提供

究發展，有很大的期許。同年3月12日，又有當時的交通部長高玉樹先生，跟交通部政務次長王章清先生、電信總局局長方賢齊先生一起到交大。王章清先生跟方賢齊先生都是交大的老校友，當時交大提出的合作計畫研究案，也獲得交通部當局的支持，交大的辦學成果已受國家的肯定與重視。

　　1978年我受到凌鴻勛老校長邀請，重新回交大擔任校長，也努力於交大持續發展。是不是因為在這些由遠而近的因素累積下，影響到政府下決定找交通大學校長去掌管交通部？當時我並不知道原因，現在想回答這個問題，也只能推測一二，但是我更相信這是一種機緣。人生的轉折有很多種，常常機緣來了，就要

好好把握。

　　當知道我要入閣當交通部長時，我對於交通部業務是很陌生，但因為已有以前在教育部行政歷練累積，讓我認為自己一定可以勝任這個職務。我開始想交通部需要什麼？需要引進什麼樣的專家？我很確定要籌組一個專業的幕僚團隊，當時第一個考慮的就是選了在管理科學系任教的毛治國。因為他的文筆非常好，又是MIT（Massachusetts Institute of Technology）的博士，是管理方面的專家，我希望找他來當我的主任秘書。主任秘書需要反應快，又要幫忙撰稿、寫報告，所以他是我認為主任秘書的重要人選。

　　我還找了交大運輸研究所的張家祝，到交通部運輸研究所擔任所長，他是運輸方面的專家。機要秘書則是找了陳椿亮[32]與吳盟分[33]：他們兩人幫我處理行政上的事情，等於左右手，陳椿亮在土木方面的專業知識很專精，其中一個是我隨身秘書吳盟分，我要到哪裡就跟著我一起走。他們幫了我很大的忙，後來我離開交通部後，這4個人繼續在交通部發展，一路在公職上都有很好的表現。像是毛治國最後擔任行政院院長；張家祝現在是中華開發的董事長；陳椿亮是臺北市政府捷運公司董事長退休；吳盟分現在是中華顧問工程司董事長。

　　我剛上任交通部長時，由於交通部沒有宿舍，第一年我先住

◇◇◇◇
32　陳椿亮當時是臺大土木所交通組碩士，交大交通運輸研究所兼任副教授。
33　吳盟分當時是交大交通運輸研究所碩士，臺北捷運計畫籌備處運輸規劃師。

在臺北教師會館。這個時候內人跟小女兒還先住在交大九龍宿舍，我就臺北、新竹兩邊跑，直到我搬到電信局在臺北福州街的宿舍，家人才一起過來。不過只短暫住了一陣子，剛好司法院蓋了一棟公寓，其中兩戶分配給行政院，我就決定用公家貸款購買其中一戶公寓，此後就在臺北落腳定居。

剛到交通部，工作非常忙碌，為了能快點掌握交通部業務，我都會利用午餐時間，與機要人員一邊吃便當一邊開會，順便了解部務。下班後還要提著兩袋公文回家，往往要批到半夜才得以休息。

獲得「開放部長」雅號

我任交通部長的時候，正好碰到臺灣由管制進入開放時代的轉捩點，我可以說是搭上了「開放」的時機。[34]1984年俞國華先生任行政院長時，提出了「自由化、國際化、制度化」的施政目標，我入閣即依照當時政府指示往「開放」方向走。[35]我認為時機已經相當成熟，就抓緊機會，馬上極力推動多項開放政策的擬定與實施。

所謂「開放」，就是要解除管制，也就是要自由化。交通部

◇◇◇◇

34 郭南宏於1987年4月底上任交通部長，同年7月15日蔣經國總統即宣布臺灣解嚴。

35 俞國華於1984年6月1日出任行政院院長，至1989年6月1日卸任。俞國華一上任，即在6月的立法院第74會期施政報告中提出政府「自由化、國際化、制度化」的施政目標，帶動臺灣政治經濟政策轉向開放發展。

擔任交通部長期間，與謝東閔（坐者左）參訪華航。照片／郭南宏提供

擔任交通部長期間，參觀北二高工地。照片／郭南宏提供

管理的業務，像是道路、電信、郵政、海空航運、觀光、氣象等等，這些都跟民眾生活有重要相關，以前是公營事業，政府也都設有管制措施。但是在我上任的時間點，國際已出現追求自由化的浪潮，各先進國家紛紛開始著手解除交通相關設施的一些管制。臺灣內部也隨著社會發展條件的改變，例如經濟成長、運輸與電信科技的進步等影響之下，以往的管制政策逐漸浮現許多問題，造成人民的不便與不滿。我認為這些問題必須要從修改舊有的政策上，才能解決。

　　上任之初，我第一個面臨的考驗，就是端午節假期高速公路塞車問題。當時國內因為經濟起飛，車輛成長快速，高速公路流量已趨飽和，每逢連續假日都會面臨塞車問題。我認為這個問題

擔任交通部長期間，與太太趙千惠連袂出席陽明海運貨櫃輪命名典禮。郭南宏（前排左2）、夫人趙千惠（左3），攝於1987年9月12日。照片/郭南宏提供

必須要好好想個辦法解決，於是很快就決定實行連假高速公路不收費、增設不找零錢車道等措施。事實也證明了我的辦法奏效，成功地讓高速公路在端午節假期中仍保持暢通，算是及格通過考驗。

　　在我任內完成了幾項重大的開放政策，例如開放高速公路路權，讓民營客運能合法行駛高速公路。以前只有省政府經營的臺汽（臺灣汽車客運公司）能夠行駛高速公路，等於是壟斷了臺灣長途客運業務。但是隨著國人對交通需求的增加，民間有許多遊覽車公司非法載客上國道，這就是俗稱的「野雞車」。當時「野雞車」違規問題很嚴重，但是民間又有這樣的需求，如果開放可以解決「野雞車」問題，那沒有理由不去做。我就讓專家去研究找出解決問題的方式，另外也決定一併開放遊覽車執照。這兩個

擔任交通部長期間，出席陽明海運貨櫃輪命名典禮，攝於 1987 年 9 月 12 日。照片／郭南宏提供

問題是有關連性，讓民營業者可以受到政府監督，也可以讓遊覽車市場由市場供需決定。

其他還有開放旅行社牌照、開放計程車牌照。我上任時這兩部分牌照都是處於凍結狀態，也都有嚴重靠行問題。由於國民所得提高，旅遊觀光活動蓬勃發展，有很大的商機，無法取得牌照的旅行社，就利用靠行的方式來攬客。但是有些業者因為不用承擔信譽，就出現了不法的行為，造成消費者的損失，也引起很多糾紛。所以我們就採取開放旅行社牌照，並且修訂了相關配套的管理辦法，以改善旅遊市場不良現象，也要求旅遊業者要公開收費價格，讓消費者能獲得充分資訊。

計程車在都市裡面是相當重要的一種公共運輸工具，但是在牌照凍結下，很多司機都是採靠車行的方式，就是「寄行車」。但是司機要入行，就必須繳給車行高額費用，導致出現計程車司機遭受車行剝削的情況；而這些寄行車還有「脫行」糾紛，問題很多。牌照雖凍結，但計程車數量卻不減反增，為數眾多的計程車在都市中隨處行駛，也造成都市交通壅擠。針對這樣的狀況，就是要重新去設計計程車牌照發給的辦法，讓有意要從事計程車業的司機能取得牌照。[36]另外，也想了其他解決問題的策略，如重新調整了計程車收費方式，讓司機利潤更合理，也推動計程車開

◇◇◇◇

36 1987年8月修正「寄行車輛駕駛人申請個人經營計程車客運業處理準則」，其中要求個人車行之營業車輛，不得再寄行或移轉行政管轄，該車牌照亦不得過戶與其他個人或計程車公司行號。1987年12月通過「個人經營計程車牌照發給作業要點」，自 1988年1月起，各地公路主管機關每年按照人口數增加及參酌轄內之運輸需求與供給情形核發牌照數。若申請數超過核發數，則以優良駕駛者優先，其餘公開抽籤。

擔任交通部長期間，率同民航局長陳家儒、觀光局長毛治國、運輸研究所所長張家祝等人，訪問法、英與埃及三國。攝於 1989 年 2 月 9 日。照片／郭南宏提供

訪問法、英與埃及三國，協助促成中埃航權開放。攝於 1989 年 2 月 17 日。照片／郭南宏提供

始使用無線電，[37]讓計程車在經營上更有效率等等。

　　還有一項重大的開放政策是「開放天空」，[38]打開國內航空市場，開放國際航線，長榮航空就是在我任內成立。[39]以前長榮只有海運，辦得很不錯，航線遍布全球，開放天空之後，長榮也想要設立航空公司。我認為長榮有這樣的條件，當時立法委員趙少康就曾經這樣來質疑我，說：「長榮海運沒有航空的經驗，怎麼可以飛出去，你憑什麼認為可以？」

　　我是這樣回答：「憑長榮已有全球航海的豐富經驗，現在只要培養航空的經驗，那就可以。還是你可以舉一個有足夠條件，能開放給它去成立航空的私人企業？」

　　跟趙少康溝通後，他想通了，也就同意。就這樣，長榮航空成為了臺灣第一間私人的國際航空公司。

　　我是在1989年5月底卸任交通部長職位，從上任到離開交通部一共2年1個月的時間。我想我除了搭上「開放」的浪潮外，還是因為我能夠掌握時機，有很好的幕僚團隊，只要有好的意見

◇◇◇◇

37 1988年3月底交通部開始先在臺北市試辦無線電計程車叫車服務，首先甄選了400部計程車加裝無線電設備，進行3個月的測試，期滿後擴大為800輛。8月即依據電信法第43條公布「計程車設置無線電暨改善服務品質輔導管理辦法」，以及「計程車專用無線電台設置使用管理辦法」等法令，10月開始接受計程車無線電台登記，為臺灣計程車進入無線電時代的開端。

38 1987年11月18日交通部頒布「民航運輸業申請設立、增闢航線、購機執行要點」，放寬航空運輸業者加入市場的規定，並允許增闢新的航線，這就是所謂的「開放天空政策」，也是臺灣民航發展史上重要里程碑。1987年以前國內僅有中華、遠東、臺灣及永興4家航空公司，國際航線只有中華航空經營，1987年實施開放天空政策以後，臺灣航空產業從此蓬勃發展，新的航空運輸業者如雨後春筍般成立，航空市場快速成長。

39 長榮航空公司於1989年3月8日奉准籌設，於同年4月7日正式登記成立，經過籌備期終於在1991年7月1日首航曼谷後正式開始營運。

受邀副總統李元簇先生（中）壽宴，留下開懷笑容。照片／郭南宏提供

卸任交通部長的交接典禮後步出交通部。有 20 位計程車義警與 20 位藍天使服務隊的隊員，主動列隊在交通部門口，高舉交通指揮棒表示敬意。右側為新接任交通部長張建邦。照片／郭南宏提供

也會採納、執行，任內完成了多件交通部重要開放政策。所以我被稱做「開放部長」，名氣也是從這裡打響出來。

接棒國科會主委

卸下交通部部長職位後，1989年6月我開始擔任行政院政務委員兼科技顧問組的召集人。[40]工作內容就是在協助審核跟環境、科技等有密切關係的法案，例如環保法、噪音管制法等，等於主掌全國科技政策。政務委員的工作內容繁瑣，我做了3年多。

回顧我服務公職的生涯中，真正有意義的兩個階段是，任交通部長以及1993年轉任國科會主委。

我是在1993年2月27日接任國科會主委，一直到1996年6月10日卸任。由於我在政務委員期間，都是在接觸與科技有關的法案，所以當我來到國科會，對國科會的業務可說相當熟悉。而我又是科技領域出身，再加上我已累積多年在內閣的行政經驗，所以當我一接下國科會主委之職，就能很快的進入狀況。一切工作大都按照正常作業時間在進行，感覺相當輕鬆愉快。

◇◇◇◇

40 行政院為積極推動全國整體科技發展，於1978年召開「第一屆全國科技會議」，並於1979年頒布實施「科學技術發展方案」，內容包括延聘國際知名科技專家，擔任行政院院長的科技顧問。1979年12月行政院科技顧問組成立，辦理年度行政院科技顧問會議，提供我國科技發展建議事宜，負責研擬政府整體科技施政目標、全球科技情報研析、科技前瞻藍圖規劃、科技政策規劃協調、科技系統創新規劃、重點領域策略布局等工作。該組首任召集人為李國鼎，郭南宏為第二屆召集人。行政院科技顧問組已於2012年1月1日改組為行政院科技會報。參見「行政院科技會報」，「歷史沿革」網址：https://www.bost.ey.gov.tw/Content_List.aspx?n=727087A8A1328DEE（下載日期：2018年10月1日）。

擔任政務委員期間,於德國法蘭克福國科會駐德科技組辦公室與旅德、瑞士學人合影。攝於 1990 年 9 月 16 日。照片／郭南宏提供

擔任政務委員期間訪問德國,攝於法蘭克福,攝於 1991 年 9 月 7 日。照片／郭南宏提供

　　我認為國科會主委是個承先啟後的角色,一棒接一棒,而我是第 6 棒。[41]「承先」是要延續前人的政策規劃,「啟後」是要針對前人的政策進行調整、修訂,希望每筆經費都能花在刀口上,使政策發揮更大效益。我在主委任內,投注較多心力的是在「產學合作」上面,希望能引導學術界投入更多資源於高科技產業的基礎建設,發揮加乘效果。尤其是配合行政院科技顧問會議[42]的結

◇◇◇◇

41　郭南宏之前的國科會主委與任期分別為:
　　吳大猷（1966 年 8 月 -1973 年 6 月）
　　徐賢修（1973 年 6 月 -1981 年 3 月）
　　張明哲（1981 年 3 月 -1984 年 6 月 1 日）
　　陳履安（1984 年 6 月 1 日 -1988 年 7 月 22 日）
　　夏漢民（1988 年 7 月 22 日 -1993 年 2 月 27 日）

42　1979 年,我國為推動國家建設,將科技發展列為推動重點,當時藉由美國國家科學院前院長賽馳博士及德儀（TI）公司董事長海格第,協助網羅國際一流的專家組成科技顧問團,提供我國科技發展諮詢,此運作模式即為行政院科技顧問會議之前身。參見「行政院科技會報」,「歷史沿革」,「科技顧問會議」會議起源網址:https://www.bost.ey.gov.tw/cp.aspx?n=15F9C17AD897B71A（下載日期:2018 年 10 月 1 日）。

論與建議，積極推動諸如電腦、通訊、消費電子（3C）科技、光電科技、生物技術、微機電系統，等均是工作重點。

臺灣的科學發展能有今天的成就，國科會實功不可沒。這些功勞，是每一位曾在國科會奉獻心力的人士所共同完成的。

推動臺南科學園區，初陷政治風暴

我在國科會主委任內曾積極推動一項業務，這項業務卻使我初次陷入政治風暴中，即臺南科學工業園區的選址工作。在我接任主委前，新竹科學園區的使用已接近飽和，而半導體產業正值起飛階段，科學園區管理局已在尋找新的科學園區用地。當時臺灣北、中、南有多處地點都在選擇之列，其中有兩個區域是在南臺灣，分別是臺南的新市、善化，以及高雄的路竹。

我接任主委後，基於當時就已經有很多意見反映國家建設重點都擺在北部，重北輕南，那我就覺得為什麼不往南部去找？新竹科學園區的管理局局長薛香川，也認為是應該往南部去選較合理。

我認為當時是導引北部科技資源注入南臺灣、策進該地區高科技產業發展的最佳時機，選址決策刻不容緩。後來行政院也決定要縮小範圍，在南臺灣的臺南、高雄中選擇。薛香川建議成立評審委員會來評估這2個地點，而我因自己是臺南人，為了避嫌，所以不發表任何意見、不介入審議，全權交給評審委員會去

決議。

評審結果只有 1 票投給高雄路竹，其他人都投給臺南的新市、善化，這樣一面倒的結果，卻招來了懷疑和誤解。有立委質疑我是臺南人，必因利益而暗中操盤，還要我簽切結書，保證沒有親友在炒地皮，因此驚動監察委員出面調查質問。最後，我還口頭切結保證未涉入炒作不當利益，終才平息風波，真是無妄之災。

等選址塵埃落定，我一直在推動臺南科學園區的建設與籌備，[43] 因為時機很重要，當時有這樣的機會，要馬上抓住，把事情弄起來，臺南科學園區終於在 1996 年 1 月動土。我認為臺南科學園區很重要，因為它可以將科技資源流動到南部，也能夠帶動南部繁榮，所以我一直都相當重視，即使到了離職前，都還是在這件事情上努力。只是在政治上，說實在的我也接觸不到最後面權力的掌握者，也猜不到政治背後的運作，這個努力成功後，我也離開了國科會主委崗位。

現在看來，我可以說臺南科學園區這個努力的成果很成功，日後的發展也愈來愈好，我相信也只會更進步。交大光電學院也

◇◇◇◇

43 行政院於 1991 年 1 月 1 日「國家建設六年計畫」中確立了「新設科學工業園區」的構想，並於 1993 年 7 月 1 日第 2,388 次院會通過之「振興經濟方案」中，提出「增設南部科學工業園區」。國科會於 1995 年 2 月奉行政院決議設置「南部科學工業園區」（計畫範圍即目前南科臺南園區一期基地），並於 1995 年 5 月核定籌設計畫，正式展開南臺灣邁向高科技產業發展的發軔。配合園區開發時程及廠商建廠開工需要，於 1997 年 7 月 8 日籌設「臺南科學工業園區開發籌備處」，負責進行投資引進及辦理園區規劃與開發營運等相關業務，並於 2003 年 1 月 25 日升格成立「南部科學工業園區管理局」。參見「南部科學園區」，網址：https://www.stsp.gov.tw/web/WEB/Jsp/Page/cindex.jsp?frontTarget=DEFAULT&thisRootID=195（下載日期：2018 年 10 月 1 日）。

設立在臺南科學園區那邊，是臺灣第一個光電學院，把交大在光電、半導體、資訊等領域發展的優勢帶到南部，與臺南科學園區裡面的高科技產業合作，對研發與人才的培育有相互帶動的作用。

燙手山芋的衛星計畫

在國科會主委任內，我還接下一個燙手山芋，那就是「衛星計畫」。

我還在擔任政務委員期間，政府著手推動5年「衛星計畫」[44]，我當時就反對這個計畫，因為我認為臺灣在太空科技建設方面幾乎沒有基礎。既沒有相關的基礎研究，也沒有相關產業支持，做起來不僅昂貴，而且效益很低。

在政府決策前，曾有位記者詢問我對太空計畫的看法，當時沒想太多，就直接地回答：「有點像燒銀紙，效益很少。」結果記者以此報導，引發軒然大波，最後結果是接受上級口頭糾正了事。

衛星計畫這件事情，在我到國科會前，其實是跟我都無關。

◇◇◇◇
44　1989年9月19日行政院長李煥在立法院會施政報告中，提出規劃在5年內發射第一枚科學研究用的人造衛星。行政院預定以新臺幣100億元經費，在1994年7月前，發射科學研究用衛星上太空。該計畫是由當時國科會主委夏漢民向行政院長李煥提出，並獲得支持，人造衛星計畫規劃小組召集人則是當時的國科會副主委鄧啟福，並將太空實驗室籌備處的地點設置在交通大學博愛校區。此計畫一公布，引發科學界正、反兩邊意見對壘，時任行政院政務委員的郭南宏與國科會副主任委員鄧啟福，兩人對發展衛星計畫意見相左，對話上也有一些交鋒。1990年2月國科會的「科學研究用之人造衛星計畫」，在社會各界爭議聲浪不斷中，終於在立法院以第一年預算刪減兩億元及國科會主委夏漢民到院報告等「有條件」情況下通過，1990年7月1日開始執行，被稱為中華民國「太空元年」。

擔任國科會主任委員期間，由我駐印尼代表陸寶蓀陪同，晉見印尼總統蘇哈托，進行洽談與簽署合作事宜。攝於1996年1月。
左起：國科會參事孟憲鈺、駐印尼代表陸寶蓀、郭南宏、印尼總統蘇哈托。照片／郭南宏提供

外界有人認為，這個計劃是牽涉到政務委員跟國科會主委的鬥爭，這是外面看起來像是在鬥爭，但是其實我一點都沒有在裡面鬥爭。在我之前的國科會主委是提出要做衛星計畫的人，他也全力在推動這個計畫執行。那我看這個昂貴的衛星計畫，只是很直覺地想到：計畫一做下去，我們需要花錢的地方很多，那就會想國內的產業可以藉由這個計畫有所提升嗎？可以因此就帶動工業技術上的成長嗎？這個計畫根本沒有辦法替當時國內產業發展帶來效益，為什麼要花那麼多錢去投入呢？

　　但當我接下國科會主委時，太空計畫已在進行，即使我不贊

同，卻還是必須「承先啟後」，若一意孤行地停掉太空計畫，國家的損失會更大。所以，面對太空計畫，儘管我心裡不認同，還是必須盡心盡力地接續下去，並著手進行調整。除了把人員集中在新竹，也修改高難度內容，寄望長期計畫重點能放在資源衛星的相關部分。

參加北京APEC的難忘插曲

擔任國科會主委期間，我曾兩次代表國家出席亞太經濟合作會議（Asia-Pacific Economic Cooperation, APEC）。第一次是1994年11月15日，出席由菲律賓主辦的APEC會議，這次會議過程相當順利。

但是第二次APEC會議，是在1995年10月由中國主辦，[45]地點在北京，由我率團前往。這次會議就發生了一段插曲，我才領略到外交事務背後隱藏著許多考量與涵義，對我這種講話技巧差，個性又直的人來說，實在是苦差事。

由於中國刻意將我國會籍「中華臺北」（CHINESE TAIPEI），翻譯為「中國臺北」。出發前，我就受到暗示在會議

◇◇◇◇
45 行政院長連戰派郭南宏率團參加1995年10月5日至6日於中國北京舉行之亞太經合會（APEC）科技部長級會議。郭南宏此行是繼1989年前財政部長郭婉容赴北京參加亞洲銀行年會之後，前往大陸參加國際會議的第二位政務官，但郭婉容赴大陸時，國統會（國家統一委員會，1990年10月7日成立）、陸委會（大陸委員會，1991年1月成立）及海基會（財團法人海峽交流基金會，1990年11月21日成立）等單位均未成立，而《國統綱領》（《國家統一綱領》，1991年3月14日經行政院通過）及《兩岸人民關係條例》（《臺灣地區與大陸地區人民關係條例》，1992年9月18日施行）也未通過，所以郭南宏是第一位依法赴大陸開會的內閣首長。

擔任國科會主委期間,參加1994年11月15日在菲律賓主
辦的APEC會議,主辦單位提供之紀念照。照片／郭南宏
提供

出席1995年10月5日在中國北京舉行之APEC會議現場之照片。照片／郭南宏提供

期間，必須不起立、不鼓掌，以表示抗議。但是會場上，當江澤明演說完畢，全場起立鼓掌的時刻，我就開始感到為難了，因為這時不起立、不鼓掌，不僅沒禮貌，也很不友善。所以，我最後決定採取起立，但不鼓掌的中庸作法。

而APEC會議之後，中國官方特地招待各國代表去參觀中國長城，但我選擇留在飯店，讓其餘團員參加，有禮貌地表示「不接受」中國對臺灣的態度。這個經驗也算難得啦，我一直都只會埋頭做事，不擅交際應酬。

有良知遠見的政務官

除了重視熱門科技外，我也特別珍視稀有性且需長期投入的工作，例如支持一些學者從事長期生態研究。國科會跟美國國家

擔任國科會主委期間，郭南宏（中）代表臺灣訪美，攝於 1993 年 12 月 16 日。照片／郭南宏提供

擔任國科會主委期間訪美。攝於 1993 年 6 月 29 日。照片／郭南宏提供

退休後仍與過去部屬維持良好關係,2018年10月23日前交通部時期重要幕僚們仍主動替郭南宏慶生。
上圖後排左起為吳盟分、張家祝夫人陳玉春、張家祝、毛治國、毛治國夫人錢瑩瑩、張邱春。照片/張家祝提供

科學基金會（National Science Foundation, NSF）合作，加入國際長期生態研究網（ILETER Network），是創始會員之一，可見我們對長期生態與國際合作的重視。我覺得臺灣是很美的地方，有許多美麗的自然景觀。但是，在建設的過程中，常常忽略且破壞了原始景觀與生態，相當可惜。所以，長期生態研究是保護臺灣自然生態的重要措施，值得投注心力去經營。

另外，行政革新的工作也很迫切。當時我指定由副主委來處理這個部分，諸如就地查核、經費彈性運用、獎助制度的調整，以及評審公開化等。

在領導國科會的時期，我覺得國科會就像一個大家庭，總希望自己能照顧到裡面的每個成員。所以我不鼓勵員工加班，期望每位員工都可過著正常生活，定時下班去經營各自的家庭生活。此外，在員工的升遷制度方面，也盡量讓每個人適得其所。每當有職位出缺時，盡量以國科會內部的人遞補上去，讓大家可以共同且長期的耕耘這塊田地。

我認為政務官扮演的角色是非常重要的，不僅要全面性地思考問題，也要表達出自己的見解，即使是與世俗不容的意見，也要勇敢說出來。所以一個好的政務官，必須要有良知、有遠見，知道如何拿捏分寸，該講的講出來，該思考的要去思考，並隨時檢驗自己有沒有盡心盡力。總體而言，我在國科會的經驗是很愉快的，看著國科會多年來對臺灣科學發展的貢獻也感到欣慰。

　郭南宏口述歷史

第七章

人生新頁，未完待續

沒想到一轉眼，我也過了80歲，體力上跟健康上
都開始有一些轉變，對於生活也有不一樣的想法。
如果接下來是人生的第三春規劃，我現在會說，生
活不能過得太簡單，應該是過得更有內涵、更有深
度……

退而不休的人生路

1996年6月我離開國科會後,也就此離開公職,這個前前後後我做了多少年呢?我做了29年11個月就此退休了。

退休後交大思源基金會[46]就請我去當董事長,我在這裡面是替學校研究去尋找合適的企業來支持。因為很直接就能接觸到學界研究的成果,以及聽到產業的需求,我發現其中有相當大的創業空間,我就找了一些交大教授來創業。在企業校友跟教授的投資下,1998年創辦了「全景軟體公司」,辦公室就設在交大創業育成中心,我擔任董事長兼總經理。全景的員工都是曾參與交大相關研究計畫的研究生,畢業後就直接投入,研發了很新的軟體技術。

2000年因為在王永慶先生的親自力邀、盛情難卻下,我就到了長庚大學擔任校長,2003年卸任。離開長庚後,我又回到了業界,原來我創立的全景公司因為有一些技術,就有買家來談,公司後來就賣掉了。但是虛擬實境事業處則另外獨立出來,在2009年成立了一間新公司「琦景科技」,專門投入於虛擬實境領域技術的開發與應用,雖然發展出了一些成果,但還是一間小公司,我還在這條路上努力中。

公職退休後,還是覺得自己應該要找工作來做,所以從我63歲開始創業,就像是邁入了人生第二春。雖然工作上要從頭開

◇◇◇◇
46 思源基金會是由交大多位校友的捐款集資,於1994年7月23日獲經濟部核准正式成立。

始，但是仍有公司發展的目標可以繼續往前努力；而在生活上，心態是認為能夠簡單地過生活、過得很愉快，這樣就好了。沒想到一轉眼，我也過了80歲，體力上跟健康上都開始有一些轉變，對於生活也有不一樣的想法。如果接下來是人生的第三春規劃，我現在會說，生活不能過得太簡單，應該是過得更有內涵、更有深度。

結識終身伴侶，圓滿人生拼圖

我會認識我的太太趙千惠，是經由岳母認識的朋友所介紹。我那時剛退伍，回到臺南在臺南一中初中部教書，千惠則是臺南光華女中的家政老師。當時由媒人帶著我到千惠的家裡，讓雙方

與太太趙千惠結婚照，攝於1963年6月。照片／郭南宏提供

全家福照片，後排左起為大女兒郭貞君、郭南宏、兒子郭思宏、二女兒郭玫君，前方坐者為太太趙千惠。照片／郭南宏提供

見面。

這個相親能夠成功，最主要還是靠我太太千惠的父母，他們很熱心地做一些安排，讓我們能夠有更進一步接觸認識的機會。我還記得我們見面的當晚，他們就叫了一輛三輪車，要我跟千惠坐著這個車子出去街上轉一轉、逛一逛，讓我們有相處的時間。因為相處上的印象很好，所以我們就決定交往看看。

那個時候我家裡沒有電話，但是千惠家裡有電話，所以都是我主動去找電話，打電話約千惠，約會就是一起去看電影。雖然當時我跟千惠兩人都是第一次交往約會，沒有什麼經驗，但是過程卻都很順利，最主要因素是有家長的同意與在背後的支持。

我是1961年10月退伍後，才到臺南一中教初中部，嚴格說來我在臺南一中教書是不滿一學期。等學期結束後我就離開了臺南一中，北上到臺大電機系擔任講師，只做了一個學期，1962年秋天就改到新竹交大電子研究所做專任講師。在這段我北上的時間中，千惠也曾到臺北和新竹跟我見面，交往穩定了，就考慮到結婚的事情了。

結婚是我自己決定，當然還是有一些考慮到家母這邊的想法，她認為我年齡也差不多了，希望我能早一點成家獨立。由於家父因為空襲而很早就去世，家裡又有7個孩子，家母為了照顧家庭長期操勞，承擔很多壓力，多少期望我婚後家裡就可以有多一個人手幫忙。我岳父、岳母那邊的想法，則是認為我沒有不良嗜好，生活規律也有工作，就一直催促要我趕快結婚。我跟千惠

與岳父母攝於交大博愛校區，這是岳父母第一次到新竹來探望，攝於 1963 年 6 月份。左圖拍攝於
竹銘館前水池，右圖拍攝於圖書館前（現學生活動中心）。照片／郭南宏提供

婚後所拍攝之家族照，中排最中間為祖母郭黃敬，祖母起左1為母親李芃蘭，左2為大哥郭連聰，祖母右1為郭南宏、右2為趙千惠。背後建築為長榮中學，攝於1963年6月分。照片/郭南宏提供

交往時間雖不算長，但是很確定千惠就是我要結婚的對象。

　　我是在1963年結婚，婚後千惠就搬來新竹，住在九龍宿舍；婚後不久，太太就懷孕。當時我已經申請要去美國西北大學唸博士，但那個時候有個規定，不能帶眷屬一起出國，必須要在國外居住滿2年後，才能接眷屬出去。所以我就只好先自己一個人去美國，千惠則回到臺南娘家待產。當時我的岳父、岳母很急，希望我能快點把千惠接過去美國，他們到處打聽、奔走，看能不能不要等到2年時間，提前讓千惠出國。但是規定很嚴格，所以當等到千惠帶著兒子思宏到美國跟我團聚時，我已經讀完2年博士

班，第3年即取得學位畢業了。

我在美國拿到博士學位後，轉往加拿大做了2年的博士後研究，第一年是在中部曼尼托巴省的溫尼伯大學，第2年是在西部英屬哥倫比亞省的英屬哥倫比亞大學。這段期間，幸有太太帶著孩子的陪伴，她將家庭照顧得很好，我的大女兒貞君是在加拿大溫哥華誕生。

當我提出想返回臺灣工作的決定時，太太是非常支持。因為臺大與交大都是我的母校，所以我同時寫信去申請教職，後來因交大鍾皎光院長先發聘書給我，我就決定回交大任教。取得交大聘書後，我們全家人就很快回到臺灣。

我開始工作後，不論是同事或者是我的學生之中都曾發生過，夫妻兩人在面臨工作或生活發生轉變時，因為意見不一樣而產生婚變的狀況。我覺得夫妻在生活上有共同的想法，是維繫家庭的關鍵，所以不論有什麼事情我都會跟太太討論，在意見上取得共識，我們從沒有因為意見不合而吵過架。我是一個很少交際，只會專心工作的人，也多虧有太太將家庭的大小事情都管理得很好，讓我可以負責把外面的工作盡力完成，無後顧之憂。我認為能有伴侶打點好家庭、將之管理得宜，是人生能成功的基本要件之一。

早在我借調教育部擔任技職司司長時，只要有活動機會，蔣彥士先生都是邀請夫妻一同出席，他認為這是相當重要的。日後工作上只要遇到能帶太太出席的應酬活動，原則上我都會先問一

郭南宏與太太趙千惠婚前於進學國小校內所拍攝之照片。攝於1963年。
左圖為郭南宏與趙千惠。右圖由前往後依序為：趙乃賢、趙久惠、趙千惠、郭南宏。
照片／郭南宏提供

下太太，看看她時間上有沒有其他安排？是不是可以跟我一起出
席參加應酬活動？我盡量帶著太太出席。

　　我想所謂的家庭，應該可以分為單身的家庭跟非單身的家
庭，因為有人選擇自己一個人自在過生活，另外有人則是尋找伴
侶，共同經營生活。這兩種選擇沒有哪個比較好或哪個比較不
好，但是假如有人問我，喜歡哪一種家庭？我個人的經驗感覺，
還是能有兩人圓滿結婚的家庭比較幸福。因為生活上的困難可以
兩人一起分工合作，但是單身的話，在精神上、生活上的問題就
只能單獨承受。現在要我選擇的話，我還是選擇兩個人一起和諧
生活，會過得更愉快、更健康。

當時能出國是一件大事，都會替出國的人戴上花圈表示隆重歡送。照片/郭南宏提供

通過海關後，郭南宏準備由停機坪登機，與在停機坪外送機的太太趙千惠（前右）、母親李芃蘭（前中）、趙千惠的阿嬤趙許英（前左）留下這幅有趣的合影。照片/郭南宏提供

出國讀書當天，家族親友齊聚於臺南火車站月台送行留影。攝於 1963 年 9 月分。照片/郭南宏提供

於加拿大溫哥華任博士後研究期間，全家與友人出遊所拍攝的照片，左起趙千惠、兒子郭思宏、
留學生友人小孩、郭南宏，趙千惠懷抱在溫哥華出生的大女兒郭貞君。攝於1967年。

於加拿大溫哥華任博士後研究期間，與留學生友人出遊所拍攝的照片，郭南宏懷中抱的為大女兒
郭貞君。攝於1967年。

回國任教後，前往南部出遊時的全家福照。約攝於 1971 年。照片／郭南宏提供

家庭維持固定聚會習慣，三代同堂其樂融融。
後排左起：王予辰（孫）、王建平（大女婿）、王浩丞（孫）、王昱昕（孫女）、郭亭沂（孫女）、郭宣妤（孫女）、劉玉菁（媳婦）、王希鳴（小女婿）。前排左起：郭貞君（大女兒）、趙千惠、郭南宏、郭思宏（大兒子）、郭玫君（小女兒）。照片／郭南宏提供

　　　郭南宏口述歷史

特別收錄

談我們的部長、校長、父親、另一半

信仰專業、
做事不做官的開放部長

口述／前行政院院長 毛治國
整理／周湘雲

　　我跟郭南宏校長第一次見面是1981年在美國，那個時候我也差不多進入寫論文的後期了。郭校長前來美國尋找師資，他到波士頓後，約了幾位在這邊的博士生進行面談，我當時是在麻省理工學院（Massachusetts Institute of Technology, MIT）就讀，也在面談之列，他那個時候希望我們拿到學位後能夠回國，到交通大學任教。當時對郭校長的第一印象，就是相當誠懇認真。

　　我並沒有繼續留在美國的想法，已打算一畢業就回國，其實那段時間臺大也有在找人才，是臺大一位土木系的教授過來找，而交大則由校長親自出馬。2所學校都在我的考慮之內，如果我到臺大的話，就是進去工學院的土木工程學系；而交大這邊，則是要我去管理學院的運輸工程與管理學系。

　　我自己是學運輸出身，到了讀博士階段，卻有一半的課程都是在MIT的Sloan School（Sloan School of Management）唸的，偏重在運輸管理。當時我想，如果選擇到臺大土木系，運輸就只是

土木系其中的一個組；但交大這邊的運輸工程與管理學系，卻是一整個獨立的運輸專門學系，加上我另外還考慮了交大本身獨特的特色，像是校友的凝聚力、以及交大在大陸時期發展的歷史，所以就選擇到交大。

　　1982年一拿到學位，我就帶著太太跟剛剛出生的女兒來到新竹交大，就住在靠近清華大學，建功一路上的交大學人村宿舍裡。當時光復校區尚在創建初期，很多地方還是黃土一片，剛回來時我在大學部教運輸，上課的地方就在管理一館。

　　我在運管系教了2年多，有一次郭校長把我找去，說希望我轉系，去當管理科學系的系主任。我當時有點意外，不過樂於接受，因為我那個時候已經有感覺到，一方面是學運輸的人很多了；另一方面是，運輸學了以後出去，面對的卻是一個不那麼重視運輸專業的環境，往往造成學有專精，卻使不上力的狀況。由於我的博士研究已經偏向管理方面了，我也決定自己的生涯方向轉往純管理領域去發展，所以我就接受郭校長給我的派任。

　　當了管理科學系系主任，我就相當於跟運輸分手了。找我當系主任這件事之所以讓我意外，是因為我在學校裡面跟郭校長並不熟，只有公務上的往來，沒有任何私交。老實說，我根本不曉得郭校長為什麼找到我，不過既然他已經指派我來接行政工作，那我當然也認真去做，盡量把這個系帶出自己的想法。這樣一路到了1987年。

賭上專業拼搏一把，力挺「做事型」交通部長

1987年4月報紙突然登出郭南宏校長將接任交通部長。隔了幾天後，郭校長叫我到校長室，對我證實他要去接任交通部長，他說他會從學校裡面找一些人一起過去幫忙。

在我們那個時代，一位部長上任，通常最主要帶兩個人，一個是總務司長，一個是主任秘書。傳統上這兩個人是有一些刻板的角色：總務司長不只是部裡面的總管，甚至也是部長家務的總管；而主任秘書，簡而言之就是像「紹興師爺」那樣的角色，這兩位就是幫部長把部裡上上下下，包含公務、庶務，全都管好。

郭校長說他不要這種傳統的模式，他說：「我帶去的人通通是專業的人，只做專業工作上的事情。」

他希望我去交通部當他的主任秘書，還跟我講了半天，他要如何找專業的人，還有怎麼樣規劃專業的安排等等。

我那個時候對郭校長怎麼會選上我當主秘感到不解，甚至懷疑我是他第幾個人選，是不是之前找的人都拒絕，所以才找上我？在校長室裡面，我給郭校長第一個回答是「NO」。我拒絕的最主要理由，是因為我還是副教授，正在申請升教授，我覺得我在學術界還有很多的事情、計畫，都才剛剛要展開，對我來講時機不對，我還沒到我認為可以離開學校的那個時間。

郭校長聽了我的理由，就說：「你不必這麼快做決定，你再想一想。」

我們談完後，因為臺北還有課要上，我就去光復路上的臺汽車站搭乘國光號回臺北。[1] 在車上時，我其實就開始掙扎了，除了我教授還沒升等的理由，我如果要跟郭校長到交通部，不就等於是要回到運輸產業這條老路？因為當我轉到管科系時，等於已經跟運輸分道揚鑣，專心往管理領域鑽研，不太想再轉回老路。

但是想著、想著，我心中又有一個要我說YES的聲音跳出來。當時之所以不想再繼續投入運輸，是因為覺得自己所學無法發揮，大環境也不重視專業，所以才覺得算了，應該換跑道。我自問：「可是現在有一個全國最高的交通首長，要請你去幫他的忙，然後你要跟他說NO嗎？」我回想自己從大學一路唸上來，本科就一直是在運輸，我進一步問自己：「現在有一個突來的機會，能去幫忙一個掌管交通運輸的決策者，不就正好是把你以前的一些想法，跟你所學專長運用的時機？」一路上我就在NO跟YES之間不斷掙扎，最後想想其實答應也無妨，我可以用短期借調方式，去幫一下忙，完成任務後，我還是能回來再往自己的規劃走。

郭校長當時在校長室跟我講的一些話讓我印象深刻，我覺得他這個人跟我們一般想像當部長的人的心態不一樣。他第一時間沒有去想當上部長就是當官了，而是先想到能做什麼事，他是屬於「做事型」。郭校長會讓人有一種感覺，就是他既然那麼想做事，那麼我們這些可以幫得上忙的人，應該要去幫他忙。

◇◇◇◇
1 位在清華大學門口旁邊，現在為國光客運清大站。

當時新竹到臺北下車的地方是在臺汽北站，現在已經拆了。下車後我一路走到北門（交大管理學院是在北門郵局大樓的四樓）。我記得很清楚，就在北門郵局樓下有個公共電話亭，我撥了通電話給郭校長，我說：「好，我答應隨您去交通部，不過我就幫你一段時間，設法讓您順利上路。」

　　現在想來，初入交通部工作的過程也蠻好玩的。郭校長當年四月分上任，從此變成郭部長。

掙脫保護網向前衝，交通部老店氣象一新

　　郭部長上任後，我並沒有馬上接主任秘書。因為當時是四月分，還是學期中，我學校還有課，學期中借調也很奇怪吧，所以我的設定是等六月底學期結束，七月開始正式借調進入交通部。換言之，五月、六月，就會有整2個月，是我進入交通部的一個過渡期。這2個月的期間，交通部先聘我為顧問，並找了部內的一位參事張澍先生來代理主任秘書，張澍先生是戰後臺灣公路交通規劃與發展上很重要的人物，當時我就先在主任秘書室遊走認識環境，也等於是在旁見習，後來我跟他成為忘年之交。

　　我第一次去交通部時，是正式以顧問的身分去上班，那個時候交通部還在長沙街，[2] 部長室在四樓，第一天上班時我就故意不

◇◇◇◇
2　交通部舊址位於臺北市長沙街，舊址原為3層樓建築，曾是日治時期的臺灣總督府交通局遞信部，為擴大空間，1971年始增建第4樓。2006年交通部搬遷至臺北市仁愛路交通通訊傳播大樓，原建築改由國史館使用迄今。

搭電梯，走樓梯上樓，我走到四樓時腿都軟了。我就想：「老天啊，一個38歲的人，要來當一個百年老店的主任秘書，我罩得住嗎？」

在公務經歷上，我並不全然是一個菜鳥。因為去美國唸博士之前，我考過公務員資格，曾在運輸計劃委員會[3]服務過2年，我當到組長，但也只是個基層公務員。那個時候的部會其實是非常像古時候的衙門，有一股森嚴的氣氛，所以我才愈走腿愈軟，甚至有點後悔自己竟答應郭部長來交通部，實在是有欠考慮。交通部以前的主任秘書大概都是60歲以上，都是行政經驗豐富的老官僚來當，相較之下我當時還是一個40歲不到，相當青澀的年輕人，這對當時的我來說，還真是一個天大的挑戰！

郭部長帶著我們進交通部掌管交通業務的時候，部裡面的同仁最少有三分之一以上，都是政府在1949年遷臺後，從大陸過來的人員，部內的平均年齡恐怕是在55歲以上。郭部長進交通部時才52歲左右，他帶進交通部的幾個幕僚中，我算是最年長，其中吳盟分當時才20幾歲，還不到30歲。在主任秘書室裡面的大秘書們眼中，我的年紀大概跟他們兒子差不多。因為他們都是接近退休的那種年齡，結果竟然來了一位不到40歲的人要當他們的主管，可以想見他們的心情。

直到我在主任秘書職位上做了幾個月後，跟大家熟悉了，也

◇◇◇◇

3　交通部於1970年成立運輸委員會，專司國內運輸研究規劃工作，1985年與交通研究所合併改制為運輸研究所，辦公地點設於臺北市敦化北路，原址建物已經改建。

有了互動往來後，一位相當資深的秘書就對我說實話了。他大概是這樣說：「主秘啊，你們當時來的時候，如果用以前人家的話來講，就是幾個嘴上無毛的人，闖進交通部來。我們當時還真搞不清楚，你們是來亂搞，還是來搞亂交通部的。」當時這位秘書的言下之意，應該算是經過一段時間觀察我們這個團隊的表現後，所表示對我們的能力與做法的一種肯定與認同。

我進交通部的第一刻，我這樣告訴自己：「我是受過專業訓練的人，不要把自己當成是一個刻板的公務員。」所以我從不曾把自己想像成是一個官，在我日後不同階段的公務員生涯當中，我的腦子中從來沒有一個「官」字，更沒有「官」、「民」這種二分想法。我後來也這樣提醒學生，不論是在政府部門也好，在企業也好，或是在任何地方，都要自我期許做個「專業經理人（professional manager）」，並用這種心態跟態度來面對我們看到的問題，來解決問題。

郭部長也是秉持這種想法，所以他跟以前時代的一些部長不同。有些部長就是官，在官場上長袖善舞，善用人際關係給自己架設一個保護網，只要在裡面過得很舒服就好。但郭部長不是那樣的人，他是會把保護網拿掉，然後勇於往外衝。正是因為郭部長的性格，以及他講究專業的做事態度，所以在那個時候，我們這個團隊才能替暮氣沉沉的交通部，開始帶來一些不同的想法。

管制鬆綁行政革新，啟動交通自由化時代

我印象很深刻是有一天，部長從行政院院會一回來，他馬上找我們幾個幕僚進辦公室，對我們說：「院裡面現在有指示，凡是過去嚴格管制的一些行業，現在要準備開放。」

郭部長進入交通部時，正好也面臨了一個時代上的轉變，那時候總統是蔣經國先生，他任命俞國華先生上來做行政院長。不要看俞國華先生比較木訥的樣子，以為他很保守，正是由他扮演了一個推動自由化推手的角色，讓臺灣加速朝向開放。這也意味著整個國家的行政系統，也要全面翻新，我們正好都站在這個轉折點上。

行政院要我們規劃的「開放（liberalization）」，精確來講應該要叫「解除管制（regulatory reform）」，或「管制鬆綁」。比較簡單地講，就是自由化，也就是各行各業都要開始推動開放政策。以交通部來說，傳統上管制的範圍很大，通俗講就是陸、海、空，包括電信、郵政通通管到底，是管制重重的一個部門。

受到以前在美國修過課程的啟發，我學到的概念是：「新政策推動就表示變革，任何變革一定會動搖既有的結構，那些既有結構裡面的既得利益者，就一定會反對。」所以交通部政策要開放，不難想像裡面必然會影響到很多的既得利益者。

另外一方面，突然間宣布說要開放這個、開放那個，相信一般大眾都聽不懂。他們可能反問：「你究竟想幹嘛？」稍微有

sense的人可能就會說：「Why？為什麼要開放？」會想得深入一點、支持開放的人，也許會問：「要怎麼開放？」這些都是我們推動開放過程中，會面臨非常基本的問題。

我跟郭部長決定把他每一次對外公開的演講、報告，排出一個系列主題。每次講一個主題，像是介紹自由化政策、講交通政策的開放等等，由我幫部長寫稿子，寫好後就裝訂成一本小冊子。全部大概寫了5、6本，就是讓部長在中常會[4]、憲政研究會、國民大會等，甚至是立法院施政報告中來講。

我印象中第一份應該是在中常會的報告，那個報告是講為什麼交通政策要開放，是一個通案性介紹，然後接下來就開始談計程車的開放、旅行社牌照的開放、高速公路路權的開放、民用航空業的開放，這個系列我寫的最後一本是電信開放。在郭部長任內，他演講中提到的開放政策，在他任上都已有具體成果，只有電信開放這個部分，只做到提出一個要開放的預告，一直等到了劉兆玄先生當交通部長時才真正開始實施。

當時部長每次演講的內容，我們都不能先洩漏給媒體，必須要等部長開始上台報告後，才能對媒體公開。所以每次部長開始上台報告，當時擔任他隨扈的吳盟分，就會從會場那邊打電話過來，說部長已經開始報告了，部長室的主任陳椿亮一收到消息，才會將部長講稿發給記者。

◇◇◇◇
4　全稱為中國國民黨中央委員會，設立於1924年，是中國國民黨黨內最高黨務機構，由中國國民黨全國代表大會選舉產生的中央委員組成。

當時交通部的部長室在四樓，門口就是就是又大又氣派的大樓梯，每次部長報告當天，都會有十多位記者聚集在部長室外等消息。部長講稿還沒發出前，記者們總是嘰嘰喳喳吵成一團，不斷有人催促：「趕快給！趕快給！」等記者拿到講稿後，大家就各自捧著一本趕緊在樓梯上找個位置，快速翻閱起來，一下子又安靜無聲；一堆人全擠坐在一級級樓梯上，望去場面可謂蔚為奇觀。那個時候，部長講什麼，大家都很關心、很在乎，等到後來我們當部長的時代，人家根本不太理會你或在乎你，媒體的轉變有非常強烈的對比。

挑戰老公務員心態，推動開放難免吃悶虧

剛進交通部的時候，如果要形容當時我眼中的交通部，我會說是「鐵打的衙門，流水的官」。用傳統的方式比喻，那個年代的交通部就是古代的衙門，交通部裡面的職員就是古時所稱的「吏」。對他們來說，你們這些長官他看多了，反正「官」就是來來去去，他們只要照樣過他們的日子就好。

在郭部長進交通部之前，大家都順順地過，有些法令甚至是從大陸帶過來，已超過二、三十年都沒動過。過去部長要對外作報告，幕僚們根據已經發布的資料剪剪貼貼，弄得四平八穩送上去，通常也出不了什麼大問題。現在新部長上任了，怎麼突然就馬上說要政策開放？開放的推動就牽涉到法令的鬆綁，要鬆綁就

要修法。下面的人就會質疑，為什麼你這個部長一來就要這樣搞、那樣搞？

以前行政體系很明顯由「吏」來主導，因為被派來的「官」不一定夠「專業」，所以下面怎麼說，上面就怎麼做，很少top-down，反而是bottom up來主導政策的形成。郭部長來了之後，變成由他top-down交辦下來；領導者有看法，那專業幕僚的責任就是幫領導者把看法變成政策，發布下去執行。對一些老公務員來講，這是前所未有的改變，在那種情況下，有人跟得上改變，有人就跟不上。我們也發現有少數同仁，認定我們對法令還沒那麼熟悉，所以修法案過程中對該掃除的地雷袖手旁觀；所幸還是有許多熱心而專業的同仁，在旁邊提醒我們要注意哪些地方。

所以部長要推動開放的政策，我們對部裡都先保持沉默，等部長對外面媒體公開後，我們再找部內的人來，把部長的文稿發給這些部屬，告訴他們這些就是部長已宣布出去要做的事情。這時我也會跟大家解釋政策上為什麼要這麼去做，以及如何做的問題；對外，我也會主動找媒體來把部長的理念講清楚。許多同仁與記者都說這時的我們，很像在大學開課教書。

論辯真理披荊斬棘，交通部朝專業化轉型

當時在臺灣管交通的部門，中央有交通部，在臺灣省政府有交通處。省政府覺得執行都是在他們手上進行，但是政策是掌握

在交通部手上，他們常有不同的意見，對交通部時時會有情緒上的反彈，我們就要去處理。我想只要政策的理念是正確的，就有道理可以講得清楚。這也是我們幫郭部長規劃系統性地去推出他的想法、理念的基本前提。

例如說張家祝當交通部運輸所所長的時候，參與最深的是高速公路路權開放。當時高速公路只有公路局的國光號能夠行駛，經營長程客運。但是以當時臺灣大環境的狀況來說，市場上的需求已大於供給，而民間業者也有經營長程運輸的實力，那為什麼要把這些業者擋在外面？要開放來競爭才對嘛！但是推動的過程，不是那麼容易，張家祝以研究所所長的身分，直接參與政策的推動與執行，高速公路路權開放就是在他手上取得的成果。

我自己涉入比較深的是計程車開放。以前計程車車牌有管制，想開計程車的人就算有自己的車，但是也申請不到車牌，就只能去靠車行，衍生了黑市交易市場，產生出一堆問題。在推動計程車牌照開放的過程中，有很多無法掌握的問題，我身為政策的設計者，就必須跳出來，陪著路政司去直接面對計程車公會。

當時計程車公會很多，你也不知道哪一個是真的可以代表多數？很可能擺平了這群人，那邊又冒出一群人表示不同意見，大家各說各話，場面往往一團混亂。來的有代表工人的「工」會，也有代表業者的「公」會，各自代表不同的利益。直接跟這些利益團體交鋒的情況，令人印象深刻。但是交通部有自己的定見，在這個定見下，來者誰說得有道理，我們就納入成為修改意見；

誰說的沒有道理，我們就用道理來論證。就這樣一路披荊斬棘，經過溝通取得最大共識，讓政策推動下去。

郭部長把任內推動的開放政策都一一落實，結果被媒體暱稱為「開放部長」。我覺得是他替交通部後來的整個自由化，打下一個初步的基礎，所以郭部長也可說是一個真正將交通部轉型為以專業為導向的關鍵人物。

當時候的臺灣經濟已經發展起來，民間有很多蓬勃的力量，傳統的管制措施不只已無法應付，反而造成問題。因此，在經濟上的考量就是要開放自由市場，而政治上也要開放才能趕上腳步。我們進入交通部時，正好目睹了臺灣正式開始民主開放的過程，也是第一批參與制定公共政策開放的人；舊的思維逐漸被淘汰，公共政策也是從此才真正直接面臨民主考驗。

考驗的第一步就是如何制定開放政策，我們必須根據外部多元的聲音，從中來找出最適合的政策路線。我認為當時我們的工作很重要的地方不只在開創，還有需對政策制定嚴謹把關，讓開放政策是真正落實，而不是變成只是政治妥協下的產物。我想我們這些幕僚，那個時候應該都有設法幫助到郭部長做到這一點。

概念性政策試水溫，以爭議激發未來想像

除了開放政策的實施外，郭部長當時還針對一些交通發展的問題上，拋出一些概念性的政策的想法，目的是「教育性」的。

這是因為當時大家還不曾想到，或現實中也還沒有條件去實施的政策理念，所以只能稱為一種概念。我們把議題拋出來，就是告訴大家某個問題已經出現了，未來在處理上可能需要朝那個方向走。舉例來說，買車自備停車位就是這樣一個概念。

在臺灣早期經濟不富裕的年代，私家車少，不太有停車問題。但是郭部長上任時，經濟已經開始起飛，買得起車的人愈來愈多，都市中就產生嚴重的停車問題。所以我們想到的就是：是不是應該買車的人應該要先自備停車位，而不應把私有車輛的停車問題變成社會成本（社會問題）。

以當時臺北最常見的4層樓公寓來說，巷子最寬也就8米，1條8米的路兩邊各停一部車的話，1棟4樓的公寓，一戶所面對的街邊寬度最多只夠停1~1.5輛車，所以如果每戶都有一部車的話，供需關係是1.5比4。換句話說，如果沒有自備車位，這些四樓公寓就有約70%的車主找不到車位而成為「社會」問題。

嚴格說，自有車輛的停車問題已經不是單純交通部的問題，也涉及內政部的權責。因為要「買車自備停車位」就必須在建築規範裡面去要求。如果我們不提出這樣的理念，內政部的建築規範就不會去想這些問題。在今天「買車自備停車位」早已不成問題了，因為今天新蓋一個大樓，要是沒有一戶最少一個停車位，你這大樓根本就賣不掉！但是在郭部長上任以前蓋的大樓，甚至是部長卸任後3至5年內蓋的大樓，大概都還有停車位不夠這個問題。

所以，當時我們先放出這一槍，有些人以為郭部長馬上就要當政策來實施，還引發爭議與討論。事實上，在那個時間點這是個「教育性」的虛招，如果不出這一招來提醒大家，臺灣都市交通的停車問題就會不斷延後改善的時機。

心直口快不染僚氣，為求勝剃光頭也甘願

大家對郭部長的印象都是說他是學界出身，有學者的氣息，跟以往一些官員不同，行事風格不沾染官場作風，也就是沒有一般說的「僚氣」。

郭部長這個人很直，而且我覺得他這個個性不管到什麼地方改變的都不多。郭部長也是一個沒有心眼的人，他剛當部長的時候面對媒體，因為不是那種會社交的人，難免會講錯話。所以媒體報導之後，我們常常需要跳出來去跟媒體解釋、打圓場。

我認為郭部長任用人事，有他獨特的眼光，會去找一些有能力但卻被埋沒的人。因為他習慣於找到這樣的人，並放在對的位置去發揮能力，所以只會拍馬屁或投其所好的人就不容易出現在他身邊。有人說部長把交大幫帶進交通部，我認為這絕非事實！因為他在心態上就根本沒有「幫」的想法，只要有能力他就會設法拉拔。他當時就曾從各個部屬單位遴選了一批有潛力的中高階幹部，送到哈佛大學去進修，來培養人才。例如，後來當過郵政總局長、交通部政務次長與勞委會主委的許介圭先生，以及當過

陽明海運董事長的盧峰海先生，都是當時的入選參與進修的優秀同仁。

部長有他的領導風格，這對於一個leader相當重要，尤其是身為現代化的政務官。一個好的領導者，做事可以不必凡事都是他的點子，但是要有能力把讓底下專業的人集結起來，又要讓不同專業的合作，發揮出一個團隊力量，不斷朝一個大方向去解決問題，做出成果。郭部長是個有作為的leader，也是個有格局跟態度的leader，所以才能讓那麼多專業的人，去盡心盡力幫他做事。如果他只是一個想當官的個性，我想我大概就不會想跟他去交通部幫他忙。

部長的自我要求很高，也是一個身先士卒的人，有一個梅竹賽的例子可以分享。以前在當校長時，他對梅竹賽很重視，因為部長在運動競賽上很好勝，他認為比賽就是要贏，他跟人家打球，為了贏，是會自己跑去積極苦練的人。所以為了激勵學生，有一年他就大發豪語說梅竹賽如果輸了，他要剃光頭。當時我們聽到還有點詫異，問：「欸！真的假的？」

然後他就還真的開始每天早上帶學生一起去跑步鍛鍊體力，一校之長都親自下來跟學生們練跑，大家沒有輸的藉口；幸虧那一次梅竹賽交大贏了，所以免除了郭校長剃光頭的危機。這件事情就很能表現出部長個性中的率直，他不是只出嘴巴的領導人，是能讓人感覺到溫度的領導人，他會跳下來跟大家一起來做，先做好一個榜樣給你看。這件事也代表他有赤子之心的一面，在我

看來正是代表他可愛的地方。

　　部長就是始終都秉持著這樣的個性跟態度，某種角度也可以講因為我們的頻率相同，所以跟郭部長共事，是一段蠻愉快的經驗。

毛治國擔任交通部主任秘書期間，替郭南宏部長所撰寫一系列推動開放政策的講稿。（毛治國提供）由右至左分別為：
〈當前交通系統制度面的一些問題及對策〉，1987年6月29日中國國民黨中央評議委員會、中央委員會聯席會議報告。
〈交通建設的現況與發展〉，1987年8月3日中央聯合總理紀念週專題報告。
〈都市交通的問題與對策〉，1987年8月26日中國國民黨中央常務委員會報告。
〈交通部門自由化政策的理念〉，1987年11月5日國民大會憲政研討會報告。
〈以電信建設帶動資訊社會的發展〉，1988年5月4日中國國民黨中央常務委員會專題報告。

受命接任觀光局長，超越一場最瘋狂的夢

在我幫部長做了一年半的主任秘書的時候，我想已經幫部長把開放政策的路鋪好，並且也一一推動了，所以覺得可以離開交通部了。我就去跟部長講，我任務已經告一段落，應該可以放我回學校了。結果那時候出了一個狀況，觀光局局長面臨出缺。

當時原來的觀光局局長[5]要退休，郭部長有中意人選，認為這個人有能力去接班。但是就卡在這個人選是技術出身，沒有正式公務人員資格，郭部長就安排他去考甲等特考。而在這同時郭部長也說：「毛治國你也去考。」

我說：「我去考幹嘛？我又不想一輩子當公務員。」郭部長這時就使出激將法：「你去考不見得考上，你就考上給我看。」後來的結果是：部長中意的人意外落榜，而我這個不需要考的人卻考上了。

因為還是要派人去接觀光局局長，郭部長也有時間壓力，他就叫我去。那一次我的NO講得非常大聲，因為觀光究竟是什麼「碗糕」（臺語，指不知為何物之意），我完全不知道。日後我受媒體訪問時，都還說「當觀光局長，是我做最瘋狂的夢，都沒想到過的事！」

當時郭部長還很直接對我說：「我這部長其實有點當假的！」第一，他認為鐵路、公路、港務等，這些交通最基本的一個核

◇◇◇◇
5　指前觀光局局長虞為，任期為1980年4月1日至1988年3月1日。

心，也是交通管理最龐大的一塊區域，交通部只能在政策上推動，但實權是在省政府的手中，他插不上手。第二，交通部內部，包括郵政、電信、民航、氣象各局都高度專業，並且都有資深的專家在主政，日常業務也用不著部長操心。第三，現在好不容易有個觀光局局長缺可讓他安排，雖然是個小單位，但他一定要我去接手。

他說：「我派你去，你就給我去做點成績出來，你做的成績就是我的成績。」他講了這些話以後，我知道自己已經無法再拒絕，在這種情況下，我就下定決心去接下觀光局局長，[6]並正式辭掉交大的教職，專心把這個職位做好。對我來講這是人生的一個分岔，就此待在交通部，直到第一次政黨輪替我從中華電信董事長任上卸任後，才又重新再回到學術界。[7]

以專業經理人態度，矢志做個「另類公務員」

在我去觀光局後不久的半年後，郭部長就離開交通部。在他任期的時間點上，他所扮演的角色跟所發揮的功能，從交通部的轉型來講，我認為他是很清楚地把交通部方向盤轉到對的方向

◇◇◇◇

6　毛治國任觀光局局長期間為1989年1月1日至1991年9月2日。擔任觀光局局長期間，首度推出臺北元宵燈會、臺北國際旅遊展、中華美食節等活動，成功包裝觀光產品，引發國民旅遊熱潮，打響觀光局名號。

7　第一次政黨輪替是指2000年民進黨首次執政，結束了國民黨長期執政的局面。毛治國於2000年8月21日-2003年1月擔任中華電信股份有限公司董事長。2003年回交大管理學院任教。

去。如果是由一個比較保守、比較不是做事的人來做，少了那種做事的心態跟企圖心的話，交通部的轉向可能會再晚個三年、五年都不一定，而交通開放政策的腳步也將不會走得那麼快。所以我認為，從這個角度來看，歷史應該給他一個公道。

我個人來講，跟部長在交通部的那段時間中，更讓我確信了日後我要以專業經理人態度，來做個「另類公務員」。所以我後來在每個不同的職位上，能跳脫傳統思維，觀光要怎麼做、高鐵要怎麼做、電信要怎麼做，我就拉高一個層次，就問題看問題。不要去管那些政治力量如何推擠，我們永遠會想辦法，根據自己篤信的原則，從中間走出一條路。[8]對於這種作事風格，我會說是郭部長為我們定下的一個典範，我們非常感佩他。

◇◇◇◇
8　訪談間，毛治國補充說明自己後來的工作都是在擔任救火隊，例如為解決高鐵財務窘境，他被找去當高鐵籌備處長，就引進當時國內都還不熟悉的BOT（Build-Operate-Transfer，官辦民營），順利籌措資金。1994年華航發生名古屋空難，他臨危受命出任民航局長，在最短時間內掌握事故狀況，穩定飛航秩序。劉兆玄擔任交通部長期間，他受命為交通部次長，克服萬難修改電信三法，讓國內電信業真正自由化開放。

學歷：
國立成功大學土木工程學士(1971年)
泰國亞洲理工學院系統工程碩士(1975年)
美國麻省理工學院運輸管理博士(1982年)

經歷：
1982-1987 國立交通大學管理科學系副教授、教授、系主任
1987-1989 交通部主任秘書
1989-1991 交通部觀光局局長
1991-1993 交通部高速鐵路工程籌備處處長
1993-2000 交通部常務次長（1994年兼民用航空局局長）
2000-2003 中華電信股份有限公司董事長
2003　　　行政院顧問
2003-2006 國立交通大學管理學院講座教授
2006-2008 國立交通大學管理學院教授兼院長
2008-2013 交通部部長
2013-2014 行政院副院長
2014-2016 行政院院長

向改革的巨人致敬

口述／前臺北捷運公司董事長、
　　　前臺北捷運工程局局長 陳椿亮

　　看見一位在改革開放的曙光中，持著火炬往前衝的巨人，我懷念，內心的敬意更是油然而生！

　　80年代是臺灣在經濟奇蹟之後，進入政治變革的年代。從1987年解除戒嚴、解除黨禁到解除報禁，臺灣在脫胎換骨，政經面臨強大的衝擊，也面對強大的考驗。這期間有一位令人肅然起敬的巨人努力往前衝，他是當時帶領交通部的郭南宏部長。

　　交通部所管事務繁重，舉凡陸、海、空各項事業，都在督辦或親辦的範圍，可說與民生經濟息息相關。交通部的政策影響經濟良窳，直接而沒有迴旋的餘地。

　　臺灣的交通部門，一直以來採取管制與約束，固為配合製造條件、養成市場，但在時空環境遽變、經濟蓬勃發展等考驗下，法令規章必須調整以因應局面。「開放」一定要配合「改革」，否則不惟阻礙經濟再進一步成長發展，且會亂象叢生、成為社會亂源。

學習當處處不妥協的公務員

我就讀於臺灣大學土木工程系修習土木工程，繼續升學進入土木研究所時，則轉為主攻交通，取得碩士學位。經由恩師王傳芳教授（時任交大交通運輸研究所第一任所長）引薦，得此機緣進入交大任教。當時我已取得土木科高考及格資歷，因為仍另有在民間企業發展之志，所以只在交大兼任講師，後升等為兼任副教授。主要任務在協助一些專案研究工作，以及所務處理、教學等事項。

1987年春，因為臺北校區借自交通部的校舍（今臺北郵局四樓）要整理裝修，而我們執行交通研究計畫案時，又常需要攤開大地圖作討論，不得不暫遷同層建築之前段（鋼筋混凝土區段），擇一中型會議室作為研究室。由於交大臺北校區的校長室就在該會議室的門口，每次郭校長從新竹來臺北校區時，我們很自然地就會點點頭打個招呼，才開啟我跟郭校長的「點頭之交」。

當郭校長受邀擔任交通部長的消息傳來，我心裡有一小小悸動，心想手中的一些交通研究工作可以推行得比較順利了；只是沒想到，王所長竟已推薦我去協助郭部長擔任幕僚工作。剛接到王所長推薦消息時，認為這樣對於我在進行的交通研究工作，必定有相當助益，所以沒多想就立刻答應。但在回家路上，我仔細把交通領域的問題構思一遍，突然發現若要解決交通的沉痾，就需要專心投入，與我原先立志在民間企業發展的念頭相抵觸。當

天回家後與內人商量好答案，我立刻打電話約訪郭校長，當晚就立即前往新竹九龍宿舍面報郭校長，說明我的生涯計畫，想懇辭這項工作。

郭校長很懇切地說明他這次奉召出任交通部長，未來工作將以專業為導向，不是去當個大官，所以認為我到交通部，必定可以有機會發揮所學。他還替我分析，我若能在此一階段先進交通部歷練，並在交通部中充分認識相關行業後，未來想換跑道到民間企業，反而更容易進入狀況，也能取得更好的機會；所以他請我先考慮一下，等決定了再告訴他。離開時，郭校長竟然還特別開車送我們夫婦到新竹火車站，當時讓我感到很不好意思。

郭校長誠懇的態度，以及堅持專業導向的個性，深深感動了我。一回到家，我就決定跟隨他到交通部。回想起那夜在九龍宿舍跟郭校長的一席長談，扭轉了我的生命。日後與郭部長在交通部的共事經驗，到後來轉任捷運局、投入捷運系統運作的歷程，讓我發現就任公職的挑戰與迷人之處，我於是從一個立志準備在民間一展抱負的職人，轉而學習郭部長成為一個處處不妥協的公務員。

做好部長與部屬間的橋梁

記得我到部長室第一天，辦公室職員只有四人，除了與我同

時進去的吳盟分秘書外，另外兩位都是部裡面資深的公務員。我雖然被任命為部長室主任，但還是個菜鳥，基於想先了解職位上的任務，於是就教於這兩位資深的職員，然而他們卻講了許多關於部長室的故事。其中深值玩味的一段話，內容大概是：部長室主任其實就是「地下部長」，曾有某位主任因表現得力，等部長高升後，就被任命為接手的新部長，並且鼓勵也許有一天我也會當部長云云。

我聽完這番奇異的「工作介紹」後，心中對於部會內部傳統的辦事文化始了然一二。我問自己在這個工作上，想要扮演的是一個甚麼樣的角色？由於我已經深切了解郭部長對交通改革的決心，他需要一個能整合全交通部的力量，所以我心中暗暗做了決定：「我要作為部長與部屬間的橋梁！」我篤定地認為，我的工作就是讓部長得以與同仁間毫無阻礙地溝通，而且適度地化解可能的疑慮，協助把交通部整合起來。

後來我們也逐漸在交通部建立起新的工作常態，即是：當各級主管被傳喚到部長室時，可以先到我這裡來，我先說明部長是基於為何事找他們。這道程序目的是為了化解被傳喚的主管，心中可能的不安緊張，也讓他們有約3到5分鐘時間構思、緩和心情及準備發表意見，以確保完整及從容地溝通。另外就是開完會，我會特別對會議內容再進行深入解釋，讓與會人可以充分了解；同仁間如有不同看法時，也先由我整合，統一反映給部長參考，這就是「橋梁」的角色。

當時我還有一個屬於官式職位的任務，就是與記者溝通，有時也要扮演輔助發言人的角色。通常正式記者會由業務主管主持發布，為了確保消息明確，我往往自我要求也需出席記者會，從業務主管與記者的問答中進一步了解細節，有時為部長的理念作一些輔助性說明；所以那時候公關室的兩位同仁，很樂意總有負責的人在「善後」。也因為這樣的運作，我有機會和很多記者建立了很深的友誼，「得道多助，得人也多助」，這是秘書的責任。

以小見大，行事真性情

郭部長生性節儉，從職務宿舍的安排就可看出。由於交通部在遷臺以後就沒有正式的部長宿舍，所以只能從部屬機關中找尋適當的房舍。當時是看中一棟前電信總局首長的宿舍，地點適中，但卻久無人居，雜草叢生需要整修。後經側面了解，才知道該宿舍之所以閒置，是因為曾有一個工友在內因細故輕生，導致無人敢入住。我面報郭部長這則傳聞，他很不以為然，仍依照計畫整修宿舍入住；到底福地福人居，一切平安無恙。後來我有幾次到該宿舍，室內裝潢簡單素雅、明窗淨几，看得出郭部長的個性，不計排場、隨遇而安。

另有一生活小事，可見郭部長的簡約。當時他剛貸款購買了一間公教輔建住宅，於臺北安居，裝潢時為了節省裝設窗簾費用，郭夫人跑來詢問有無熟悉永樂市場的人。因永樂市場是臺北

著名的批發布市，以布料選擇多樣、價美物廉而聞名；夫人手巧，想要自己動手做窗簾，主要也為了能夠省錢。於是我請內人陪同部長夫人去採購，據內人轉述，夫人相當平易近人，兩人當天採購行程充滿樂趣，逛到欲罷不能。

在郭部長服務交通部期間，我們通常在中午會共進「便當餐會」，一方面可把工作中所見所聞互相彙報；另一方面，郭部長有時開完行政院院會後，也會把經過狀況讓我們了解，讓幕僚們也可掌握政策形成的箇中曲折。透過這種直接交流的方式，會比只是光從公務系統中，以公文傳遞下來的結論，更得以清晰知道事件發展因果，對我們這些部屬協助推動政事，或解說政策時很有幫助。

印象深刻的是，曾在一次談到某事時，幾個人不約而同向郭部長建議：「應與其他部會首長多多『Social』（社交、聯誼之意）一番。」沒想到部長卻正色告訴我們說：「千萬不能這樣想，我們是來做事的，不是來做官！」當時我們都噤口，認為說錯話了。但部長又補一句說明：「我若到處與大家去 Social，試想你們是不是就同樣也要花力氣在忙這些？這些事情是忙不完的，怎麼還會有時間好好做事？」

我們明白部長不是在指責我們，他只是在提醒。突然間，我們都回想起當初為什麼同意追隨部長進交通部的初衷，這也是郭部長到交通部的初衷 ──「以專業的態度來做專業的事」。

坦然面對羣眾、不畏溝通的郭部長

從郭部長任內推動的政策成績，可以看出郭部長執行改革的決心，以及深思熟慮的個性。

首先談他對停車場建設，所展現的務實作風。停車場是交通發展下，必會面臨的供需失衡課題。因為早期觀念裡，土地拿來蓋房了，就是要把土地作最大利用，盡可能增加室內空間，停車場只是聊備一格，那是因為當時汽車少，大家就不注意。但是後來臺灣在經濟大幅發展下，私家車開始快速增加，郭部長期間就必須面對從決策上，來解決「停車位不足」這個日益嚴重的重大課題。雖然這並非由交通部直接辦理項目，他仍然肩負起宣導停車場興建、買車自備停車位的重任。

除了政策鼓勵正視停車場不足的議題，他為展現解決問題的決心，下了一個決定，在交通部（當時位於長沙街）辦公院舍的中庭興建一座鋼骨立體停車場，他親自帶領交通部以實例示範用合法可建空地增設停車場。這個例子可見他務實的一面，以及腳踏實地、劍及履及的精神。不僅實際上解決交通部停車場不足問題，也起了帶頭示範作用，一時風興雲起，後續各縣市政府紛紛編列基金預算，進行停車場興建。

而高速公路客運路權的開放，是另一項重大政策。當時囿於管制，高速公路只有臺灣汽車公司具有路權，效率低落造成野雞車橫行臺灣南北。因為都是不合法的載客服務，不惟乘客安全沒

有保障，野雞車業者常漫天要價，乘客往往成為冤大頭，交通秩序雜亂，且頻傳犯罪事件。

雖然外界有不少阻力，但郭部長毅然決定開放市場，並在交通部監督下輔導眾多野雞遊覽車業者，聯合組成「統聯客運公司」[1]。期間無數次的協調溝通，郭部長不辭辛苦，關鍵會議都親自主持，展現面對棘手問題不畏不退、擇善固執而且鍥而不捨的精神。自此高速公路長途客運步入軌道、井然有序，後續高速公路長途客運市場，也有按需求標準評估開放的作法。

至於計程車牌照的開放，也是交通擴張的需求下，必然要去進行的政策。當時都市中計程車有兩大問題，簡單來說：一是當時個人計程車業者，需以車行為名義營業，而衍生出「靠行費」，形成了計程車牌照黑市交易亂象；二是因車輛大增，都會區往往常見交通擁擠，也造成了計程車行車效率不佳，當時計程收費方式無法反映面臨塞車時，司機所必須付出的時間成本，以至於司機為了爭取時效，而搶快、搶道增加交通亂象，影響交通安全與秩序。

面臨計程車市場機制需要革新的考驗，郭部長詳細探究原因，進一步從計算當地市場容量、考慮可能因都市交通擁塞的計程計時等事項，去檢討當時計程車的其他問題，除了配合牌照的開放也制定出相關系列措施。此開放與制定政策的過程中或有發

---

1 基於將眾多野雞遊覽車業者進行統一聯合組成一家客運公司，因此在張家祝建議下，將該公司取名為「統聯客運公司」。

生爭執事件，執行後實收成效，證實郭部長之遠見。

記得有一次，突然聚集大批計程車業者司機包圍交通部，進行陳情活動。因郭部長外出開會，為了安全考量，我設法聯絡外勤陪同的吳秘書，建議部長座車直接由後院進入交通部。事後吳秘書告訴我，部長知道消息後，仍選擇由前門進入交通部，直接面對陳情示威者，進行溝通；因示威者見到部長有解決問題的誠意，所以後來並沒有特別地為難。這件事情，讓我看到郭部長除了勇於任事外，坦然面對羣眾、不畏溝通的一面。

勇於面對問題，才能解決問題

另一個我對郭部長體會最深切的事件，是當時中山高速公路北段已趨飽和，而有興建北部第二高速公路之計畫。沒想到工程在徵收土地時，就陷入絕境，計畫無法推動；我也陪同郭部長拜會各相關部會及行政院負責的組室，仍不得其解。

有一天我看到簽上來的公文，還是到處援引相關法條釋令，依然提不出如何解決之答案，我於是隨手拿了一張便條，將當時最大癥結，也就是農田土地面對徵收的土地增值稅問題作了描述。我提出「國父論述漲價歸公」的理念是針對都市用地，而非不受建設影響之農地的理論，認為當舊法規已不符合時代演變之特殊狀況時，農業用地應以特別專案從權處理。原先只是為提醒郭部長，朝此方向研究，沒想到郭部長竟毅然在我的便條上批

「如擬」，我嚇了一跳。當下我深深體會出，想做事情卻要面對老官僚體系的心情，只有勇於面對問題才能解決問題。

以上只舉數樁印象深刻、又足以描繪郭部長做事風範的實例。任職交通部約2年1個月之後，行政院進行內閣改組，郭部長調任政務委員兼政院科技小組召集人。消息一出，當時交通部記者聯誼會會長陳學聖（現立法委員）跑來找我，要我把郭部長在交通部完成的政策項目，列給記者們參考。

我很直覺地就順手拿起一張約 B4 大小、兩頁一併的十行紙，我們兩人就一個人唸一個人寫，結果足足條列出了20項，還沒說完，陳學聖就說：「夠了、夠了！」沒想到第二天各大報詳盡刊載，重點都是聚焦在「一個做事的部長要下台，社會大眾有點不能接受」這個內容上面，連續喧騰了幾天，出乎我的意料之外，我也心慌了、手足無措，擔心再這樣下去會鬧到倒閣。不意幾天後大陸發生六四天安門事件（1989年6月4日），事件重大且持續占去版面，這段插曲才平息落幕。

內閣改組後，郭部長繼續轉往行政院展現專長、服務社會，我則被延攬到捷運局擔任第一處處長，展開我的第二段公務生涯，後來調任捷運公司總經理及升任董事長。在我的第二段公務生涯中，仍持續效法郭部長的做事態度與風範，凡事務實、有決心、擇善固執，終能將臺北捷運推上世界的頂峰。[2]

與郭部長共事是我畢生榮幸，在交通部服務期間，也可以說是我公務生涯的啟蒙期。我常自問：何其幸運能有這位長官做為

效法對象，使我第二段公務生涯能發揮淋漓盡致，成功為社會做了一件事。我對郭部長崇敬之心與感念之深無法自止，直到在捷運局局長任內退休，還是時時縈迴胸中。

2　臺北捷運自2003年起，連續5年被NOVA與CoMET兩標竿捷運社團評為最可靠系統，後來一直保持名列前茅。CoMET（Community of Metros International Railway Benchmarking Group, 軌道運輸標竿聯盟）於1994年成立，由世界上幾個規模較大捷運系統結合而成之組織，如紐約地鐵、倫敦地鐵等，宗旨在於提供全世界地鐵／捷運系統一個經驗分享、追求卓越與互相學習的交流平台。Nova（Nova Urban Railway Benchmarking Group, 軌道運輸標竿聯盟）成立於1998年，為CoMET之姊妹聯盟，提供全世界中型規模的都會鐵路之交流平台。每年運量5億旅客旅次（每日運量約140萬旅客旅次）以上之地鐵／捷運系統屬於CoMET，以下則為Nova。參考「臺北大眾捷運股份有限公司」網頁，「公告資訊」之「相關網站連結」項下「CoMET & Nova軌道運輸標竿聯盟」，https://www.metro.taipei/cp.aspx?n=6F12A4C52A9E873D（瀏覽日期：2018年11月17日）

陳椿亮
簡　歷

學歷：

國立臺灣大學土木工程學系學士（1972）

國立臺灣大學土木工程學研究所（交通組）碩士（1974）

經歷：

1987-2003 國立交通大學交通運輸研究所兼任副教授

2004-2007 國立海洋大學兼任副教授

2005-現在 國立臺灣大學兼任教授

1987-1989 交通部專門委員

1989-1991 捷運工程局第一處處長

1991-1993 捷運工程局總副工程司

1993-1995 捷運工程局主任秘書

1995-1997 捷運工程局副局長

2009-2013 捷運工程局局長

1997-2002 臺北大眾捷運股份有限公司總經理

2002-2009 臺北大眾捷運股份有限公司董事長

社會服務：

中華價值管理學會理事長（現任）

中國土木水利學會歷史文化委員會主任委員（現任）

豐美我人生的郭校長

口述／富迪科技董事長暨執行長 黃炎松
整理／周湘雲

　　我是個出生在臺南七股義合村的「庄腳囝仔」（臺語，鄉下孩子），4歲時搬到臺南市。我爸爸在做裁縫，收入不是很好，爸媽都忙於工作，為了生活奔波，沒有辦法照顧我們這些小孩。我家裡有7個孩子，我是長男，上面還有一個姊姊，我排行老二。我小時候都渾渾噩噩在過日子，開始上學後，也從沒有想要好好上課，只有媽媽會一直叮嚀我要認真讀書，但是也無法管我。

　　我就讀於協進國校（協進國民學校，今協進國民小學），國校畢業後考上入了臺南市大成國中，後來又幸運考上臺南二中。為什麼說很幸運？因為我不愛讀書，都是在玩。上了高中後，也沒好好讀，我高中讀了四年，最後的2年才拾起書本，好好下功夫唸書。

　　我讀高中的時候，校內很多老師都是來自大陸，這些大陸來的老師就常常跟我們說：「交通大學、清華大學在大陸都是很有名、非常好的學校。」說實在，我讀高中時，對「大學」是什

麼，完全沒有概念，也一直是土土鄉下孩子的樣子。就只是因為其他同學大家都拚著要唸大學，也就跟著大家去讀大學。

前門就能看見後門，好小的交通「大」學

高中生選擇繼續升學，必定會面臨選組的問題。我後來開始認真上課後，數學進步很快，成績就拉起來了。數理變得很拿手，但是國文、英文不太好，文組基礎科目不佳，文組自然不作考慮。我的數理成績還不錯，但對讀醫科卻沒興趣，那個時候看到醫生的工作都不輕鬆，病人半夜出問題，醫生就必須趕去治病，實在太辛苦了，也完全不考慮。

我於是決定選讀理組，由於聽多了老師講清大、交大很好的話，所以考大學填志願時，我都沒有填臺大，只填交大跟清大兩所學校的科系，並以交大電子物理系為第一志願。至於為什麼會選電子物理系？其實我當時一個高中生怎麼會知道電子物理是甚麼？我只是聽別人說這個很好，就填了。放榜後，我竟然以南二中全校第一名的聯考成績考上第一志願，成為交大新鮮人。

當時其實還有很多人不認識交通大學，當我考上交大時，還有人以為我是要去當交通警察，還是弄交通之類。交大打算要在臺復校時，是因為在美國的老校友認為電子領域有前途，所以交大才成立電子研究所，開始在臺灣發展電子科學，我現在回想起來，自己是因為考進了交大，人生莫名其妙就走上電子這條路，

但其實是非常幸運。

考上交大去新竹唸書，是我人生第一次踏出臺南，搭火車到外縣市去，當時搭了好久好久的車，大概有8、9小時才到。我記得快到交大時，遠遠地先看到十八尖山，因為十八尖山上有一些建築，就以為那邊整個都是交大的校區範圍，想像「大學」就是一間很大的學校。

結果沒想到等我走到交大的大門口時，站在前門竟然就可以看到後門，中間就是一棟竹銘館，心中大驚：「學校怎麼這麼小？」就連旁邊的新竹高商、新竹中學這兩間中學的校園，都比當時的交大要來得大。

電物系全臺首創，學風鼎盛學生融洽

我是在1965年進入交大就讀，是電子物理系第二屆的學生，施振榮是我的學長，他是電物系第一屆學生。當時全臺灣也只有交大有電子物理系，是相當新興的科系，老師上課認真，我們學生的課業很重、功課很多，大家很用功。

當時所有學生都住在宿舍中，4個人住一間房，吃飯也在一起吃。我一回憶起交大生活，讓我最深刻的印象，第一就是同學們作息都在一起，感情很親近。第二是同學們都好用功，我的室友們晚上都讀書到很晚，剛開始我實在很不習慣看到大家都這麼拚、這麼努力，我也只好跟著認真一點。第三就是女生非常少，

我那一屆班上就只有一位女生，上一屆也只有兩位學姊。

差不多到了大三之後，已經有一些同學交女朋友了，他們就會帶著女朋友去清大校園散步約會，因為清大校景很美。我們這些單身的，就只能自己結伴去十八尖山爬山健行。

在交大讀書時，每天生活都很固定，主要就是上課、讀書，晚上就是回宿舍，生活可以說相當單調。大家平常也不會想要上街去玩，最多就是偶爾去市區看場電影，生活圈幾乎離不開學校範圍。能夠出去玩的機會，就是學校固定安排的校外旅遊活動，學校會派交通車，還會準備好野餐的餐盒，載著我們這些學生出去玩，大家都很開心。而且我們還會約其他學校的女生來參加，我那屆都去約輔仁大學的女生，現在想起來很有趣，大家很期待，畢竟這是少數能跟女生聯誼的機會。

英文課程壓力大，初次感受電腦震撼

到了大三的時候，郭南宏校長回國到交大任教，他是電子工程系的教授，我們那個時候看到郭校長，就覺得來了個好年輕的老師。在交大讀書期間，會感受到交大的教授都非常優秀，好多都是國外回來的。另外也有老交大的學長在校執教，當時交大的師資，在臺灣的大專院校中，可以算是非常頂尖。

我印象中郭校長剛回國時，在學校開設了「電路網路」跟「電磁學」這兩門課。我大四時修了郭校長的「電磁學」，印象最

深的是，郭校長竟然用英文來給我們上課。他大概認為我們將來都要出國，英文要好，所以就用英文上課。為了訓練我們的英文能力，他真的就從頭到尾都講英文，我們必須很專心聽課，在我們眼中他實在是一位非常特殊的老師。當然上他的課我們壓力很大，但是郭校長很認真，雖然要求高但不是個嚴厲的人，對學生都很好，我們可以感受到郭校長的用心，所以大家也都很努力。

電磁學的公式相當複雜，我們當時的homework還要自己用計算紙去計算，那個會算死人啊！我當時修了一門電腦課，就寫了一個program，讓電腦去跑我想要計算的data，沒想到我以前要算一、兩個星期的data，電腦一下子就跑出結果來了，速度之快讓我深感震撼，覺得電腦這個東西也未免太神奇了！當時我還沒有意識到，我以後會走上跟電腦有關的行業，然而電腦所帶來的感動，卻是我日後人生方向抉擇的一個重要火花。

冷門課程引領，一頭栽入CAD世界

一直以來我都是個跟著大家走的人，沒有太多自己的想法，我這一輩子到現在，都還不知道自己下一步會怎麼走。當時除了已經規劃出國讀書的同學外，還有不少人要繼續讀研究所，我看大家都要唸，也就跟著開始準備考研究所，就考上了交大的電子研究所。我當時是申請保留研究所學籍，先去當兵。我是在嘉義水上機場服預官役，等退伍後再入學。

我讀碩一時，郭校長開了一門「電腦輔助設計」（Computer Aided Design, CAD）的課程。所謂電腦輔助設計，簡單說就是運用軟體，讓電腦可以幫忙進行各種實體物件的設計，這門課講的是我們那個時候都還不曾聽過的觀念。當時CAD還很冷門，不像今日已經廣為應用，現在回想，郭校長那個時候會去開這樣的課，也很特殊。那個時候，還沒有其他教授講到電腦可以拿來做什麼，就只有他。

由於我大四時，已經感受到電腦運算速度上所帶來的震撼，對電腦非常著迷，所以當郭校長開了這堂跟電腦有關的課時，我就跑去選修。這門課上完後，我深受吸引，修這門課的學生中只有我對CAD有持續的興趣，想要好好繼續學習。我就跑去找郭校長當指導教授，以此做為碩士論文題目，結果就這樣一頭栽進去這個領域。後來我去美國繼續投入這方面研究，取得博士學位，也進入這個產業中，做出一些成績。[1]

因為我唸研究所時申請過電信局的獎學金，所以1972年碩士班畢業後，就要依約進入電信局的電信研究所服務3年。我畢業

◇◇◇◇

1　早期積體電路（Integrated Circuit, IC）產品設計並不複雜，皆由人工進行，所以CAD並不受到重視。隨著積體電路晶片設計技術的提升，至1980年電子設計自動化（Electronic Design Automation, EDA）的概念才出現。由於EDA須要利用CAD才能完成積體電路的設計、布線等工作，才逐漸帶動起CAD產業轉為熱門。黃炎松1980年在美國拿到學位後，選擇投身於當時才剛起步、卻還相當冷門的CAD領域中進行研發，黃炎松與幾位志同道合的夥伴成為了CAD產業開創的先驅者。黃炎松多次開玩笑提到CAD應該是「Chinese Aided Design」，因為該領域最早就是由華人創業成功，並打下重要基礎。1982年黃炎松偕同夥伴創立ECAD（益華）公司，跨足與CAD密切相關的EDA產業，為該領域的先行者，並創下成功創業典範。2000年獲得電子設計自動化聯盟（Electronic Design Automation Consortium, EDAC）的菲爾‧考夫曼（Phil Kaufman）大獎，這是EDA業界的最高榮譽。黃炎松在業界有「EDA之父」、「EDA教父」之尊稱。

的時間點，臺灣產業界已有進步，像我的學長施振榮就投身進入工業界工作，而我當時也覺得還不錯，因為我一畢業就有工作。

校長幫忙追女友，成就一段佳話

我唸研究所時，最關心的事情其實是要找個以後能結婚的女朋友。當時我認為應該在讀書時期就找到女朋友，因為大家都是學生比較單純，等日後出社會，認識的人相對會較複雜，比較不好找到合適對象。

由於我從小到大的環境中，都沒有機會認識女生，只能靠朋友介紹這個方法，終於認識了一位讀淡江大學法文系的女孩。第一次見面時，我覺得這個女孩子很不錯，感覺很時髦，我就是個土包子。第二次見面時，她就跟我說，我們像是兩個不同世界的人。我雖然知道她是在拒絕我，但是我還不想放棄。

我研究所二年級要畢業的時候，那個女孩也要從大學畢業了。畢業之前我就搭車去淡江，在宿舍門口等她，她回來時看到我在那邊等很久了，覺得不好意思，於是就請我吃飯，那個時候我們就有機會聊聊畢業後的打算。女孩子告訴我，她其實很想出國唸書。不過，當時她奶奶生病，她想要先找個工作，再規劃出國的事情。

我當時就想到了交大有一位教授，正在找專任的英文助教，女孩子的英文也很不錯，所以我就自告奮勇要幫她送 resume。當

時郭校長是教務長，我就把resume給郭校長，郭校長就幫忙安排了interview。應徵後，我跑去問郭校長結果，但是郭校長說他也不知道，因為那位教授沒有表示好或不好，當下以為沒下文了。結果我畢業時，那個女孩子就被聘進來交大當助教了。

為了追那個女孩子，我工作後又跑回交大繼續唸博士班。一邊上班一邊讀書，也一邊想辦法接近那個女孩子，博士班的指導教授還是找郭校長。

後來這個女孩子竟然變成了郭校長的英文秘書，改成幫郭校長做事情。朋友雖然說，我這樣可以近水樓台先得月，但是我還是經過一番持續奮鬥，那個女孩子終於在1975年1月答應嫁給我，我太太名字叫顧伊文。[2]當時我很開心，因為我太太有著出國的願望，所以我開始著手申請美國學校，沒想到也讓我申請到了位於加州矽谷的Santa Clara University。等1975年6月我在電信研究所的工作3年期限一到，我就立刻帶著太太到美國去讀博士班了。我能娶到太太，也是因為有郭校長幫忙，才能夠追到。

梅竹賽校長帶頭衝，去職傳言險釀學生運動

我認識的郭校長是一個很努力、不斷向上奮鬥的人，還有他不要輸、求勝的態度，這點在運動上面很明顯。郭校長很愛運

2　顧伊文女士因癌症逝世於1996年，黃炎松於是創立「黃顧伊文女士紀念基金會」以援助癌症家庭，後來改為「華人癌症紀念基金會」。

動，很常找學生一起打球，對於勝負他又很熱衷，他有時候跟學生打球打輸了，他就要繼續一直打，學生就被他纏住，因為他要一次比一次進步，進步到贏。這種時候，我們又不能放水讓郭校長贏，因為他很聰明啊，你放水太明顯，他一下子就發現，那樣可不行。

以前梅竹賽期間，全校都會很投入，我印象中那個時候大家都無心上課，全程參與梅竹賽。郭校長應該是交人所有校長裡面，對梅竹賽投入最多、領導最多的一位校長。他很特別，他會一大早就親自帶領學生跑步、練習，就為了我們能在梅竹賽中取得勝利，這種精神讓我們學生都很感動。

我就聽說過有一位姓孫的同學，英文名字叫Bruce Sun，曾因他參與的那一屆梅竹賽交大輸了，結果他竟然去剃光頭，決定延畢，參加隔年的梅竹賽雪恥。那個時候大家都對梅竹賽好熱烈，只要一贏清大，大家都非常高興、全校歡騰，這是交大特色。

我在讀研究所二年級時，曾經發生一件事情：郭校長差點要去臺大教書了。當時交大的教務長張去疑教授要出國進修，就由郭校長來代理教務長職位，但是有一位交大的老校友，比較支持由溫鼎勳教授來代理教務長。過程的細節如何，我們學生不知道，但是當時就是大家都在說郭校長要離開交大，改去臺大教書。

我們學生一聽到這個消息，大家就自動號召起來，寫了一份聲明，內容大概是：郭校長是一位很好的教授，我們要求學校應

該把郭校長留下來。當時校方還緊張一下，認為處理不好可能會演變成學生運動，但其實我們學生也只是希望把郭校長留下來。後來郭校長就接下教務長，也繼續留在交大。

夕陽無限好，夜生活也精彩

郭校長是一個沒有背景的人，他後來成為交大的校長，我們並不覺得意外，因為他真的很努力，也是個會做事的人。只是在國外若干年後，我們突然得知郭校長竟然變成了交通部長，這件事情我們就搞不太懂了。我記得當時我們這些在國外的交大校友聚會時，還討論過這件事情，畢竟怎麼看，郭校長去當教育部長還說得通，但是怎麼一個「搞電子的」會跑去當交通部長？我們還開玩笑，是不是蔣經國搞錯了，以為「交通」大學校長很懂交通。

後來郭校長從交通部長卸任後，繼續留在中央，幾年之後又聽到他當國科會主委的消息。對於郭校長的成就，我們這些學生都感到很與有榮焉。

郭校長退休時，我們這些學生曾經聚在一起，幫他舉辦了一個慶祝他退休的餐會，當時我們公認Frank Sinatra唱的My Way，是非常貼切描述郭校長人生的一首歌。郭校長是一個非常執著、努力不懈的人，後來郭校長跟我們學生說，他要出來創業，我們聽到時都大感欽佩。

當時郭校長已經快65歲了，我就想起有一句時常聽到，被

2018年9月5日科技部與SEMICON TAIWAN合辦為慶祝積體電路（Integrated Circuit, IC）發明60週年的「IC60大師論壇」，邀請黃炎松於論壇中進行演說。當晚黃炎松邀請郭南宏夫婦參加總統蔡英文亦蒞臨的IC60晚宴，並與多位重要科技界人士相聚，師生相談甚歡，留影紀念。左起郭南宏、郭南宏夫人趙千惠、黃炎松、黃炎松夫人楊淑芬，拍攝於2018年9月5日。照片／趙千惠提供

用來描述人生晚年的話：「夕陽無限好，只是近黃昏」，這句話聽來，有著人生雖然精彩，但到晚年有力不從心、遺憾之意。可是在這裡，我認為應該要改成「夕陽無限好，夜生活也精彩！」人生到晚年了，除了回首很多意氣風發之事，仍還可有另一段精彩的規劃。

　　我現在已經73歲，回想起以前在交大的青春往事，郭校長真的是我人生中非常重要的一個人，我的事業、家庭都可以說是從郭校長這邊開始，很幸運能遇到一位這樣的老師。郭校長的人格很正直、擇善固執，他以前說過遇到困難障礙，就把它往好的方

向轉，這想法我非常認同，迄今我也仍一直學習著郭校長努力不懈的態度。今天我人在江湖，還在Fortemedia奮鬥，就是用郭校長的精神在奮鬥。

黃炎松
簡　歷

學歷：
國立交通大學電子物理系（58級）
國立交通大學電子研究所（61級）
美國聖塔克拉拉大學（Santa Clara University）電機博士（1980）

經歷：
1972-1975　電信局電信研究所
1976-1980　NS（國家半導體）電腦輔助設計部經理
1980-1982　Gould/SEL 電腦輔助設計部經理
1982-1988　ECAD（益華）研發執行副總裁、副主席
1988-1990　Cadence Design System（凱登斯）創辦人、研發執行副總裁
1990-1993　PiE Design Systems創辦人、執行長
1993-1996　Quickturn Design System（快轉設計系統）創辦人、研發執行副總裁
1996-1998　思源科技董事
2000- 今　ForteMedia（富迪科技）執行長暨董事長

榮譽事蹟：
2000　　　獲菲爾卡夫曼獎（Phil Kaufman Award）

交大主辦大學聯招，
如何做到零缺點？

作者／國立交通大學前計算機中心主任、
　　資訊工程學系退休教授 黃國安

　　1965年8月，我通過大學聯考的洗禮，進入了交大電子物理系，這是交大在臺恢復大學部的第二年，4年後大學畢業考上了本校電子研究所。但我選擇保留學籍先去當兵，完成一年的義務役後，返校繼續碩士研究所生涯。2年後順利取得碩士，並於當年8月留校成為專任講師，此後直到2002年1月，以教授退休，就一直沒離開過交大。其中並於1973年考上電子研究所博士班，1976年升等副教授，1977年成為本土博士之一員，1979年升等教授。10年的學生生涯，29年半的任教日子，交大就是我的一切，也見證交大成長與壯大的歷程。

　　剛進交大，就是一個「小」的感覺，校舍只有竹銘館、圖書館、半導體中心與第一宿舍。第一屆只有電工（電子工程）與電物（電子物理）2系，第二屆增加自控系（自動控制），學生共約180人，老師也不多。直到大三時，大夥兒瘋傳電工系來了個又年輕有為、溫文有禮、學問又好、西北大學博士的系主任（指郭

南宏），可惜不同系，只有羨煞電工系的友伴可以得到這麼好的照料。平心而論，在取得博士之前，只是個學生或基層講師，與學校高層甚少互動。

1977年8月，我應計算機中心張仲陶主任之邀，接任計算機中心副主任之職，當時張主任就有耳提面命：2年後交大將輪值接辦大學入學考試聯招會主委。雖然之前聯招會負責電腦閱卷與分發的電子計算機作業組，都是由臺灣大學計算機中心創設與負責，但當時交大計算機中心應屬全國計算機之先驅，沒有理由不接此工作。張主任自己因故不方便接任聯招會計算機作業組的任務，要我及早做心理的準備，1979年暑假郭校長果真決定接下69學年度大學入學考試事務委員會，並要我負起計算機作業組之責。

早期電腦效能有限，首接大任戰戰兢兢

早期計算機（現今稱為電腦，但這是90年代才成為通用名詞）的功能相當有限，處理速度與今天的電腦相比只能用「極低」形容，你可想像它為一部沒有軟碟與硬碟的現代個人電腦。電腦可幫人們解決大部分的問題，但前提是要有程式（在現代的手機就叫做App），但當時沒有現成的App可用。要電腦幫你做事，只能自己設計程式，再將設計好的程式打好卡片（本校只能打紙帶），要被處理的資料也要打成卡片（紙帶），再由電腦操作

員將你的卡片（紙帶）送入電腦執行，再由印表機印出你要的結果。

我校有幸擁有的第一代真空管電腦IBM650（也是臺灣第一部電腦，1961年引進），以及後來的第二代電腦IBM1620，都是要如此操作的。想當年我為了使用行政院主計處電算中心的大型電腦，每星期一次，抱著一至兩箱的程式與資料卡片從新竹搭車至台北，取得上星期的執行結果，做必要的修正後交給中心工作人員。如此經過三、四個月的努力，才取得碩士文憑。

不過聯招採用計算機作業時，已進入第三代電腦時代，以容量較大、速度較快的磁帶（就像超大型的錄影帶）取代了卡片（紙帶），可用很多人力先將資料打入磁帶，電腦直接以磁帶處理資料與列印結果，以得較高的使用效率。這樣的電腦作業系統就叫做磁帶作業系統（Tape Operating System, TOS），對於循序運作的工作還算尚可勝任，例如使用頻率不高的大量資料一次性處理業務（像電費單的印製）。現代的影音播放仍以循序播放為主，但如要做隨機存取個別資料，那就不是一件簡單的任務。

我校不愧是計算機的領頭羊，當時我們已擁有中型計算機主機Dec10，所有的程式與資料都存放在磁碟上（就像現代的超巨型軟碟，軟碟機約有1米見方之大，容量卻只有數十MB）。但這樣的容量、速度與準確性已經遠遠超過磁帶系統，因一切計算機操作的功能都以磁碟的運作為中心，作業系統就叫做磁碟作業系統（Disk Operating System, DOS）。這種系統提供極其方便與時效

的隨機存取，這正是查詢個別資料所必須，其使用方式已像現代沒有網路、沒有滑鼠、沒有應用程式的個人電腦。可惜的是，我們的計算機是一個以提供全校師生研究與教學為主設計的分時系統，可以讓很多學生同時使用計算機，但要做大量資料輸入與處理，在當時國內外就找不到先例可循。

大學聯考有近10萬考生參加，使用10萬份考生資料卡和60萬份答案卡（實際上是3倍之量：本來聯招會就要準備2份考題與答案卡，以備萬一有意外時使用，因卡片的製作費時費力，故我們多準備一份備份）。加上20萬份國文作文題與三民主義申論題之人工閱卷，還有人數雖然不多，卻又分工非常細膩的術科考試，需要許許多多的人工作業。其中任一環節出錯，就會連帶影響分發的結果，負責分發作業的計算機組，當然就要綜承所有成果，與扛負聯招會失誤之原罪。

長官強力支持授權，阻絕干擾效率倍增

面對這樣的挑戰，令我不勝惶恐，還好郭校長（聯招會主委）給我堅強支持的承諾與鼓勵，張主任也保證一定毫無保留地將他的經驗貢獻出來。他是聯招會計算機作業組創始者之一，擁有多年的聯招計算機作業實務經驗，是當時最佳的人選。

於是在2位長官充分授權與支持下，當年暑假我將計算機科學系與計算機中心的講師、助教，以兼任方式（當時沒有

part time 的說法，沒有減輕任何正職之工作，團隊也沒有專職人員），組成9人核心工作團隊，並建立了組織編制：包含掌管近百萬份資料製作、收發、保管等事宜的「資料管制小組」；掌理一切輸出資料的分析、系統結構與資料結構設計之「系統分析小組」；掌理系統與程式設計之「程式設計小組」；以及掌理上線作業之「機器操作小組」。

1979年10月，69學年度大學入學考試試務委員會正式成立後，製作考生識別卡、報名志願卡、製作與彌封國文作文與三民主義申論題之工作委由中央大學負責，人工閱卷分數之輸入則委由中興大學法商學院（臺北校區）負責。

團隊成立後，我們每星期都有例行會議，郭校長幾乎都會抽空列席指導，會中、會外從來沒有給我們擺臉色與責難，只給團隊無限的支持與鼓勵。他對計算機作業了解甚深與精確，我們不需要太多的言語，就可讓他了解我們的企圖與理由。他更是劍及履及地幫我們解決所有發生之行政問題，尤其是和聯招會或考生相關的問題，這是我們工作效率的關鍵，因為會上的決議就幾乎是試委會的決議。

聯考將近的時日，每天都可在位於博愛校區較偏遠地區的教學大樓計算機中心（我們團隊所在處）看到他的身影，可見他的極致關心與操心。郭校長在口述歷史裡面，談到這一段往事時，竟然謙虛地說他沒下什麼功夫，實在令我汗顏。聯考閱卷作業期間，他更幫我阻絕了所有媒體與外界的干擾與請託，給我們一個

非常安寧的工作環境，這更是令我萬分地感激。

其中也聽說有人質疑，為何我們需要這麼龐大的陣仗與時程？當時一些專辦升大學的補習班也有標榜提供模擬電腦閱卷之服務，我只能嚴肅的回應：其一，我們要處理的是近十萬考生，近百萬的資料，這樣的資料量絕不是補習班規模、少數人所能負擔的，大的數量會衍生出許多非技術性的問題。更重要的是其二，補習班模擬出錯，大不了被學生罵幾聲或重做幾次，然而我們只有在限定時限的一次作業機會，卻又絕對不能出錯，出錯那就是不堪設想的天下大事。

所以我們每星期的例行會議，重點都在如何防範各色各樣、考生有意或無意的錯失，以及如何減少與彌補上千人工作業可能的疏忽，這就是深具實務經驗的張主任給作業組以及聯招會最大貢獻。當然我的工作團隊成員能夠合作無間，不眠不休地拚命工作，各個都以計算機中心為家，更是一群初出校門的青年幕後英雄。還好當時還沒有勞基法，否則我將很難交代。

訂定標準作業程序，防堵失誤滴水不漏

我們細細分析每一必要的工作，訂定其標準作業程序，檢討可能發生的問題，設計解決方案與模擬實驗，檢討是否與其他工作關聯甚至於衝突，這樣的循環不斷地在例行會議上討論與決議。

舉例來說，答案卡與考生志願卡是我們最重要的資料，從向國外採購空白卡片開始、印製、編製考生號碼成答案卡、分裝、運送至考區，到考完接收與點收、整理入卡片櫃、讀檔、回卡片櫃存檔、調閱才算完成。期間如何和各考區人數眾多的非資訊專業人員溝通，如何保管等問題皆讓我們如臨大敵，因卡片一張也不可被遺失、毀損、竄改。又因主機很容易調閱個別資料，我們制定非常嚴密的交接、查閱，以及更新資料作業流程與追縱紀錄。

　　以往答案卡是傳統的橫式設計，每一題的答題資料列在由一黑邊粗線條畫記的直列上。張主任發現，一則人之兩眼是橫的排列，看直行容易受到鄰行的干擾，再則考生畫記答案時雙手會很自然地、大面積地貼在卡片上，容易汙損卡片。這些都是對緊張考生的傷害，於是我們提出改成直式，每一題答案就成為橫的一行，可以改進橫式的缺點。郭校長一聽我們的建議，馬上在例行會議中許可，因 這是能減少考生無心錯誤的措施，也減少讀卡出錯或延誤機會，在試委會中無異議地通過。

　　由於我們的計算機主機不適合做大量讀檔的工作，於是我們設計利用較易接上光學閱讀機的PDP11/40迷你電腦，執行讀檔作業。當年機器的性能以現今的標準，只能說是其差無比，因卡片須以2B鉛筆畫記，靈敏度調高些，緊張的考生因手汗或不小心輕微汙染卡片會被誤讀；靈敏度調低些，一些下手較輕的答案可能會被忽視掉。於是我們製作內部複查作業程序，由電腦檢視

異常併以人工隨機查驗機制，製作卡片調閱程序，確保防範有意或無意的人為失誤。

後來發現卡片如有損毀或變形，會使機器停擺或吃卡，於是又要增加毀損卡的檢驗與維持讀卡的效率。然後又發現，如果考生無聊地在卡片標記位置畫畫，會使讀卡失敗而停頓，因機器只能讀一張卡有40個標記，多一少一標記都不行。於是我們又要設計如何讓讀卡作業跳過這些卡片，併以註記交由人工處理這些違規的卡片。這些事件真是多得不勝枚舉！

聯考考完了，就是我們正式上場的時候。經過多次演練的機器操作組成員，以按表操課的熟練方式，啟動了整個序幕。雖然已有萬全的準備，所有團隊成員都還是會在旁默默祈禱，不要有沒被掌握的意外發生，每天更是可以多次見到郭校長的身影，但他只是給我們不斷地安慰與鼓勵。度日如年的日子一天撐過一天，還好所有千奇百怪的問題，都在我們事先掌握的範圍裡。終於榜單順利出來了，鬆吐了一小口氣，因我們的成果仍要面臨考生最嚴苛的查分檢驗，還好也順利通過了。工作真正告一段落，緊張的一年終於度過，大夥兒才真正能放下心回家睡一大覺。

一年的辛苦，一個月的煎熬，最終換來媒體「零缺點」的謬讚，全體工作團隊歡欣之餘，總算對郭校長與張主任的信任與支持有所交代，更感謝他倆給我們成長的機會。

郭校長在口述歷史中有提一缺憾的感言：交大沒培養更多軟體的人才。其實豈止交大，整個國家公部門都是如此，從事軟體

的工作者，再辛苦、再優秀也沒有光鮮的願景可期。我的團隊成員，放棄相對高薪又具學術價值的國科會計畫助理工作的機會，全力投入且這般辛勞，也得到如此的成果，但這些對他們的升遷與未來，完完全全沒有一絲一毫的幫助，這也是我感到對他們最痛心的虧欠。過去如此，然而直到現在，似乎也沒有一些的改善！

郭校長「走動式管理」，主動解決師生問題

1980年8月，郭校長找我接替引退的張主任出任計算機中心主任，此後6年就是我直接面對校長的生涯。郭校長仍然維持他「隨機校園走走」的習慣，我確實感受到雖然他是藉此探求基層、發現問題，但目的並不是要責難各單位主管，而是主動替我們解決問題。

舉例說：因我們的主角 ──「計算機主機」，是必須住在攝氏18度恆溫恆濕環境的嬌客，中心又對全校師生提供全年無休、每天24小時的服務。但最可憐的是我們的工作同仁，冬天還好，夏天可就慘了，每天頻繁進出機房，總有十幾度的溫差，穿或帶厚重衣服上下班總是不太方便。於是我向郭校長提出為同仁們各做一件大衣，不用解釋他就已經完全了解我們的窘境，全力支持我的採購計畫；後來行政單位以不宜為同仁採買私人用品的理由不表同意時，主動向他們解說這是夏天上班用的，才順利過關。

而原來計算機中心隸屬於教務處，在郭校長主動運作下，我成為國內各大學第一位一級單位的中心主任。後來我也協助教育部電算中心主任，將國內各大學計算機中心提升為各學校的一級單位，對那個電腦剛好開始蓬勃發展的時期，有無限的助力。

　　郭校長對單位主管是完全地授權與信任，例如原來計算機中心位在博愛校區，後來學校重心慢慢移到光復校區，於是有遷建光復校區計算機中心的計畫，這是學校的大計畫。但就像前述的聯招閱卷，他將計算機中心的部分完全交給我規劃，再將規劃好的需求與規格交由學校總務處與營建單位處理，營建完成之後又交由我規劃搬遷工作，就是現今猶存的資訊館一樓，誰能說他不是管理之長才呢？

　　郭校長治校，學生權益是最優先的考量：比如支援中心人力，使我們成為國內第一個提供全天24小時服務的學校；在博愛校區，我們開挖校園埋設管線，使實驗館師生成為全國第一個可不用到計算機中心就能享用直接遠端上線服務的單位。而光復校區初創時期，如何提供管科系師生的使用更是一個棘手的問題，因我們無法開挖馬路鋪線，最後只能從光復校區租用一條昂貴的數據專線到台北電信局數據所，再用另一條專線由數據所拉回博愛校區，令人有咫尺天涯的感觸。計算機中心遷入光復校區後，此二專線就成為博愛校區師生上機之生命線，一直到網路普及為止，這些都是校長不計血本支持下的重大措施。

　　就我個人而言，身為完全的交大人卻有一件令我至今無法釋

懷的潰憾。當我初入教職當講師以至副教授時，學校恰是欠缺眷舍的時期，所幸當時校友會發動校友樂捐為學校建一棟「學人宿舍」，身為大學、碩士的校友，當然也不例外地參與此活動。但以當時的身分也不敢有所夢想，直到我順利成為第一位取得我校學、碩、博士三階段學位的學生後，當時又已升等為副教授，向學校申請眷舍，原本以為應可以得到尚有很多空缺的學人宿舍，可惜得到的回應卻是國內的本土博士不具學人資格、無法配住。這對我以及我校博士的價值，可說是一無情的嚴重打擊。

可是不久之後，我又接到保管組的通知，我可配到九龍宿舍的一間眷舍，從此我擺脫了在外看房東臉色，五年搬四次家的城市流浪生活。就連於當年能源危機發生時，本應屬影響較少的族群，也因在臺北上班的房東失業回家，迫使我多受一次搬家的痛苦。

事後由同仁的口中，才知道這個轉折原來就是郭校長知道這件事之後，主動說服原先配住在九龍宿舍且具學人身分的師長搬家到學人宿舍，這才有空宿舍配給我。郭校長從來沒對我提這件事的經過歷程，大恩不言謝，只有以盡心盡力做好校長交辦的任務為謝。不可諱言，這是我接下完全不熟悉的聯招作業組工作，而且用盡心力一定要辦好這項任務的重要理由，更是我一生沒離開交大的主要動力。

有幸於這本郭校長口述歷史專書中，進一步說明當年交大於大學聯招計算機作業組所貢獻的成果，也在郭校長手下當了6年

的一級計算機中心主任，更因身在交大三十多年的生涯，見證了
交大的成長與壯大歷程，故撰此文，稍加描述一些當時的情境以
及對郭校長領導風格的感受，以饗讀者。

黃國安
簡　歷

學歷
國立交通大學電子物理系（58級）
國立交通大學電子研究所（61級）
國立交通大學電子研究所博士（66級）

經歷
1972-1974 交通大學工學院講師
1974-1976 交通大學工學院計算機科學系講師
1976-1979 交通大學工學院計算機科學系副教授
1979-1988 交通大學計算機工程學系教授
1980-1986 交通大學計算機工程學系教授兼任計算機中心主任
1988-2002 交通大學計算資訊工程學系教授

苦樂與共、
相互扶持的半百歲月

口述／郭南宏夫人 趙千惠
整理／周湘雲

　　我出生於1940年2月11日，臺南人，家庭環境小康，我父母親都是日治時期的公學校畢業後，就踏入社會工作。我爸爸名叫趙崇基，日治時期進入「有限責任臺南庶民信用組合」[1]擔任基層員工。臺灣光復後繼續在原來公司工作，一步步向上升遷，做到了第三信用合作社襄理。因我家共有8個小孩，每個小孩出生時間大概隔2年左右，到後來家裡的孩子從讀初中、高中，到大學都有，花錢花得很兇，我媽媽曾經告訴我說：「每天早上一睜開眼睛，一疊錢就沒了，好像在燒紙錢一樣，燒得好快！」

　　由於家計開銷很大，父親漸漸感到銀行襄理的薪水不太夠用，不得已只好決定自己出來創業，他先在臺南東區經營紅磚窯，後來還開了一間塑膠廠及郵差帽的工廠，這些生意的經營，還算稍有小成。

◇◇◇◇

1　「有限責任臺南庶民信用組合」成立於1924年，戰後於1946年8月24日先改組為「臺南市庶民信用合作社」，11月改名為「臺南市第三信用合作社」迄今。參見臺南第三信用合作社「本社簡介」，網址：https://ttc.scu.org.tw/index.htm（下載日期：2018年9月20日）。

我媽媽叫黃寶和，是個很聰明的人，就讀「臺南第一公學校」[2]時成績很好，都是班上的第一名，也是班上的班長。外公家裡雖然賣米做生意，但經濟狀況並不好，我媽媽從小就要幫忙家務，放學回家後，還要抬米送到客戶家。因為如此，養成我媽媽獨立、追求上進的個性。

　　媽媽公學校畢業後，就跳級去報考要初中學歷才能報考的助產婦講習所，[3]以第一名考上，還以第一名畢業，取得助產士資格，日後以此為業。我媽媽除了在工作上認真上進外，她個性非常活潑，是個相當活躍的人，她把助產士的工作做得很轟轟烈烈。後來曾當選過多屆的全省助產士公會理事長，在臺南很有名氣，幾乎每屆市長都認識她，甚至連前副總統蕭萬長也都認識我媽媽。

◇◇◇◇

2　前身為1896年5月21日設立之「臺灣總督府臺南國語傳習所」，1898年10月1日「臺南第一公學校」繼承臺南國語傳習所於原址上課，1921年臺南師範學校指定「臺南第一公學校」為該校「代用附屬公學校」，至西元1928年4月，正式成立「臺南師範學校附屬公學校」。1964年8月改稱「省立臺南師範專科學校附屬小學」，1988年改稱「省立臺南師範學院附屬小學」，1991年改稱「國立臺南師範學院附設實驗國民小學」，2004年8月1日改名「國立臺南大學附設實驗國民小學」。參見國立臺南大學附設實驗國民小學「學校簡介」，網址：http://fuxiao.ps.nutn.edu.tw/?page_id=17（下載日期：2018年9月20日）。

3　日治時期將傳統產婆改稱為「助產婦」，也就是日後助產士。1906年臺北醫院首開訓練臺籍助產婦先例，1907年7月4日官方頒布〈臺灣總督府助產婦講習生規定〉，正式授予臺北醫院附設講習所開始對外招考參加講習的學員。1923年10月12日政府又頒布了〈臺灣總督府醫院看護婦助產婦講習所規程〉先在臺北醫院，後來陸續於臺南、基隆、宜蘭、臺中、嘉義、屏東、臺東等醫院辦理。助產婦講習科分本科、速成科二種，本科入學資格是高等小學（即初中）以上畢業者，修業年限2年，速成科限臺籍公學校六年畢業者，修業年限1年。莊永明，《臺灣醫療史－以臺大醫院為主軸》（臺北：遠流出版事業股份有限公司，1998），頁209-210。

全家照，攝於1990年6月15日。後排立者，左起：趙庭瑞、趙乃慧、趙久惠、趙敏宏夫人張瑞娟、趙敏宏、趙界欽、趙界欽夫人林月淑、趙千惠、趙乃賢、趙彩涵。前排坐者，左起：趙瑞庭的先生林正山、趙乃慧的先生邱震華、趙久惠的先生鄭博仁、黃寶和、趙崇基、趙千惠的先生郭南宏、趙乃賢的先生廖一久、趙彩涵的先生謝勝政。照片／趙千惠提供

　　我是家中老大，下面有6個妹妹，2個弟弟。[4] 我媽媽對我們這些小孩的教育很重視，也採取比較嚴格的態度，她常常告誡我們要努力上進。因為媽媽小時候無法繼續升學，她很鼓勵我們往上讀書，尤其是我們姊妹。我媽媽的想法在以前的年代應該算是

◇◇◇◇

4　趙家原有9位兄弟姊妹，但是趙千惠的六妹於三歲時過世，故為8位手足，依排行分別為：趙千惠（女）、趙久惠（女）、趙敏宏（男）、趙乃賢（女）、趙乃慧（女）、趙彩涵（女）、趙庭瑞（女）、趙界欽（男）。
　　趙久惠為師範大學家政系畢業，臺南家專成立時，臺南家專的校長邀請她共同創辦。趙乃賢為東京大學農學博士，為臺灣第一位女性水產研究人員。趙敏宏畢業自成功大學電機系、趙乃慧畢業自臺灣大學護理系、趙彩涵畢業於臺北醫學院（現臺北醫學大學）藥學系、趙庭瑞畢業於淡江大學會計系、趙界欽畢業自交通大學電子工程系。

很不一樣，她總是告訴我們，女孩子一定要有經濟獨立的能力，要有好學歷，以後才能夠過可以自主的好生活。

媽媽的想法對我們姊妹們都有很深的影響。我們家中的女孩全都考上臺南女中，2 位弟弟則都是考上臺南一中，每個小孩子都能繼續升學，往自己的興趣發展。我認為自己性格中樂觀、獨立，以及遇到困難會想辦法解決，而每做一件事情都要事先準備好的態度，都是來自於媽媽觀念的影響。

由於我是家裡最大的小孩，從小開始，只要有客人來時，爸爸就會叫我出來幫忙接待，還會一邊教我怎麼待人接物，如何進對應退，也因為這些訓練，養成我外向的個性。

我是臺南女中第九屆畢業生，大學聯考考前我突然發燒，但還是抱病上場，再加上面對大考的緊張，所以考場失利，沒有考上學校。當時謝東閔先生剛創辦「實踐家政專科學校」[5]，媽媽就鼓勵我去報考，我是第三屆學生。實踐家專當時只收女生，我進去時還是二年制，我以全屆第二名成績畢業。畢業後就回到臺南，進入光華女中[6]當專任的家政老師。

◇◇◇◇

5　實踐家專全稱為「實踐家政專科學校」，由謝東閔於 1958 年所創辦，是臺灣戰後第一所家政專科學校。剛創立時僅設有修業 2 年的家政科，1961 年延長修業年限為 3 年，並增開服裝設計、食品營養等科目，1979 年改制為「實踐家政經濟學院」，1997 年改制為「實踐大學」。

6　設於日治時期，最早為 1929 年之私立家政裁縫講習所。後來陸續改名為「私立臺南家政女學校」、「私立臺南和敬女學校」、「和敬商業實踐女學校」。戰後於 1946 年改為「私立光華女子初級中學」，1955 年增設高中部後改為「私立光華女子高級中學」，2014 年改為「臺南光華學校財團法人臺南市光華高級中學」，成為兼收男女學生之學校。參見「臺南市光華高中」，網址：http://www.khgs.tn.edu.tw/（下載日期：2018 年 10 月 1 日）。

結識木訥老實的郭校長

　　我跟郭校長是透過介紹認識。郭校長有一位臺南一中同學的媽媽開美容院，我媽媽都是在這間美容院做頭髮，跟老闆娘交情很好，由於當時郭校長剛退伍，回到臺南一中初中部當老師，這位開美容院的媽媽知道後，認為可以介紹我們認識。

　　我一路求學過程中都是讀女校，沒有甚麼認識男生的機會，等到光華女中教書後，開始有不少人來家裡作媒。所以當媽媽告訴我這消息時，我抱持著既然有人要介紹，就認識看看這樣的想法。由我父母去安排，約郭校長跟媒人來家裡聊聊。第一次看到郭校長時，覺得他怎麼這麼木訥！不過人非常老實，第一印象其實是很不錯的。

　　我父母對郭校長印象很好，我也認為是可以交往看看，我們就開始約會，不過當時約會大概就是去街上走走、看看電影這樣子。郭校長只在臺南一中教書教了一學期，所以我們認識不久後，他就到臺大當助教，然後又跑到新竹交大當講師，一直留在北部。沒多久，他就談到了想結婚的事情。

　　雖然父母一直覺得郭校長很好，但我媽媽是個對女兒婚姻態度謹慎的人，選女婿非常注重，她會先去探聽看看這個人的人品如何，以及對方家裡的狀況，確定沒有問題、能放心了，才答應嫁女兒。由於我從小就幫忙爸爸招呼客人，看了很多商場界的男生，多數都油腔滑調、舉止輕佻，因我的家教很嚴格，觀念上對

這樣的男生一直不太認同。認識郭校長後，就覺得他跟我以前看過的那些男生很不同，郭校長言行穩重，態度認真，我已認為他是一個能託付終身的對象。不過，最重要的還是經過了我媽媽的確認，認為可以結婚了。

　　我跟郭校長在1963年結婚，婚後我搬到新竹，住交大的九龍宿舍。當時我認為應該繼續貢獻我所學的專業，在新竹找一個家政教師的工作，但是郭校長則希望我可以把家裡照顧好。兩人商量後，我就改找兼任教師的工作，既可以有自己的工作，也可以有時間照顧家庭。我於是到新竹的光復中學當兼任的家政老師，工作學校離九龍宿舍很近，剛好可以兼顧。

郭南宏與趙千惠婚後度蜜月的照片，攝於1963年6月。關子嶺位於臺南白河，日治時期開始即為享譽盛名的溫泉區，照片背景關子嶺旅社建於1905年，是關子嶺最豪華的旅社之一。照片／郭南宏提供

難忘的艱苦異異國生活

跟郭校長結婚不久，我就懷孕了。郭校長已經打算出國唸博士，這件事情我是支持，所以當校長去美國前，我就離開新竹回到臺南娘家安產，1964年5月我的大兒子郭思宏在臺南出生，因為我娘家人很多，我媽媽、妹妹們都可以幫忙輪流照顧小孩，我於是又回去光華女中任教。

一直要等到郭校長在美國滿2年後，才能申請眷屬出國，那時我就一個人帶著大兒子去美國找他，西北大學有眷屬宿舍，我們一家人很順利地住在一起。

我去美國一年後，郭校長拿到博士學位，因他是拿交換簽證（Exchange Visa）出國念書，所以畢業後一定要先離開美國。後來他申請到在加拿大中部Manitoba省，Winnipeg大學博士後研究的工作。我們夫妻兩人就帶著三歲的兒子，一起搬到Manitoba。我們一到Manitoba就看好房子，也付了租金，好不容易把家當都搬進去屋子，兩人早已滿身大汗，就開熱水打算洗澡。結果樓下的房東一聽到聲音，馬上衝上樓來，問說：「你們在做什麼？」

郭校長說：「我們要洗澡啊。」

房東就阻止我們說：「不行，我們都是一個禮拜才洗一次！」原來房東是個猶太人。

聽完這個話後，我跟郭校長就決定馬上搬走，不住了。後來為了找住的地方，總共搬了6、7次家，才終於找到合適的住處。

後排立者，左起：趙千惠、趙乃賢、趙崇基、趙乃慧、黃寶和。中間坐者為趙千惠的阿嬤趙許英，懷中抱著已滿週歲的郭思宏。約攝於1965年。照片／郭南宏提供

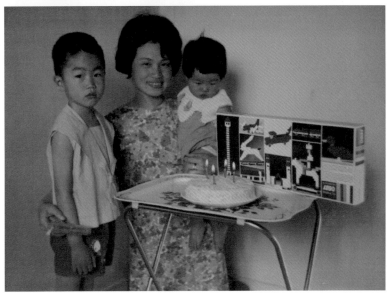

在加拿大溫哥華替兒子郭思宏慶祝四歲生日留影，左起：郭思宏、趙千惠、郭貞君。蛋糕是趙千惠自己製作，桌上還有一盒要送給小壽星的玩具，由郭南宏掌鏡。攝於1968年5月。照片／郭南宏提供

在美國西北大學時，臺灣留學生比較多，還有校長以前大學與研究所同學，一起在這裡唸博士班。大家同住在學校眷屬宿舍中，彼此可以照應，也有很好的感情。但是到加拿大，地廣人稀，尤其是我們到了加拿大中部，第一次感受到天氣竟然可以這麼冷，有長達半年時間積雪不融。Winnipeg大學那個時候還沒有臺灣留學生，沒有其他華人可以認識，感覺很孤單，我跟校長就只能彼此依靠。在Manitoba的這一年裡，我有了第二個小孩，是一個女兒。我很難適應那裡的天氣，回想起來印象就是冰天雪地、到處都是雪。我懷老二的時候，還因為地上結冰半年不融化，陸陸續續共摔倒過八次。

郭校長在Winnipeg大學做了一年的博士後研究之後，另外申請到了英屬哥倫比亞大學的博士後研究，地點在加拿大西岸的溫哥華，所以我們就又要打包搬家了。1967年，郭校長結束了Winnipeg大學的工作，就一個人開著車，載著一車子的家當，從加拿大中部一路往西開往溫哥華。郭校長考慮到我當時懷孕，而且車子也坐不下，他就讓我帶著三歲半的兒子搭飛機到溫哥華跟他會合。那個路途非常遙遠，幾乎是越過半個加拿大的距離。當時好害怕，郭校長一個人要開這麼遠的車，很擔心他路上遇到甚麼危險；還好校長平安抵達，直到看到校長，心頭才鬆了那口氣。

沒想到才剛搬到溫哥華，我們租的房子就遭小偷，小偷竟然是房東先生，他偷走了郭校長在西北大學時，參加乒乓球比賽的

冠軍獎盃。這個獎盃郭校長很珍惜的，沒想到就這樣被偷了。

我們家的大女兒郭貞君是在溫哥華出生，溫哥華雖然華人很多，但是歧視還是相當常見。當時的白人房東因種族歧視，對我們態度就很不友善。不過至少溫哥華這邊比Manitoba好多了，因為有比較多的臺灣留學生。我們常常聚在一起，煮些臺灣家常菜，我也會教留學生的太太們做衣服。有事情大家也會互相協助，例如我在美國時，就幫忙郭校長研究所同學莊炳乾的太太作過孕婦裝，在加拿大溫哥華時，有留學生友人要結婚，我也幫忙做過新娘禮服。

大家每星期都會安排出遊活動，有這些朋友們陪伴，減輕很多待在異鄉的苦悶。早年在國外留學是很辛苦，尤其我們亞洲人，不論是到了美國或加拿大，都受到歧視、欺負，遇到的苦只能往肚子裡吞，我們在加拿大實在有太多的故事。

由於郭校長都在忙學校的工作，所以家裡有甚麼問題，像是水電、房子簡單修繕等，我要先自己想辦法解決。尤其我生完大女兒後，因為加拿大產婦生完後一星期就得出院，在國外沒有辦法坐月子，所以我產後只休息了一個星期就出院回家，家裡的家務也是要馬上一個個去處理。又因為郭校長不能請假，我一個人要照顧2個小孩，常常感到分身乏術，甚至不得已，只好先把剛出生的小女兒留在家裡，趕緊帶著兒子去超市快快採買好食物、日用品。在國外不比在臺灣，在臺灣還可以找親友幫忙，在國外就必須學習獨當一面，還好大多難題我自己都能一一解決。

我當時就因為太過忙碌，又沒做好月子，以至於產生嚴重的腰痠背痛症狀，要一直到回國後，在臺灣生完小女兒，我媽媽幫我坐好月子，才把身體狀況調整回來。

舉家回臺

　　校長在美國唸書時，拿的是 Exchange Visa，其中有規定，畢業後要先離開美國兩年，才能再回美國就業。所以當郭校長在溫哥華的工作將結束時，就跟我商量接下去要怎麼走。那個時候要去美國找工作是很容易，而且校長以前的老同學們大部份都已在

返國任教前，郭南宏一家人駕車橫越美國旅遊，於旅程最後一站華盛頓特區留影。左起趙千惠、郭南宏，前為郭思宏。攝於1968年。照片／郭南宏提供

美國發展，認識的熟人多。校長本來有意申請再回美國，但後來沒有去進行，因校長考慮後，覺得還是最想回臺灣。他就寫信向臺大跟交大申請，兩家學校都回覆了，但是校長因為比較早收到交大的聘書，就選擇回交大任教。

我認為回到臺灣也很好，沒有一定就要留在國外，如果以後想要出國工作，再去申請就好。由於平時我在處理家裡大小事，需要聯繫、接觸其他人，遇過不少被歧視的經驗，就不覺得留在國外好。現在臺灣有好的機會，不用多加考慮就決定回臺。

回臺過程中，有一個非常不好的經歷，就是我們跟房東才談完搬家的事情，人都還沒搬走，房東就馬上答應樓上的房客提前搬進來我們這一間。導致我們也沒辦法好好打包，家具也沒辦法賣，最後只好都丟掉了，我跟郭校長只收拾了2箱行李就離開，真是讓人非常生氣。

回臺前，郭校長就開車載著我跟2個小孩，從溫哥華一路開往美國西岸舊金山，再一路開車玩到東岸華盛頓特區（Washington, D.C.），最後再往加拿大多倫多，搭飛機回臺。這一趟旅程留下了很好的回憶。

九龍宿舍的溫馨大家庭

1968年我們從美國回來後，又住到交大的九龍宿舍裡，我就到光復中學兼任家政課，沒想到在交大一待就20年。

校長剛回來教書，就當上電子工程系的系主任，除了教書外，又有額外行政工作，相當忙碌。沒多久就又接下代理電子所所長、代理教務長、代理院長，身兼多職，整天忙得不可開交，晚上回家也在辦公。我就曾開玩笑跟校長說：「你回家好像是回旅館，每天只是回來睡個覺而已。」

　　回臺灣隔年，我的小女兒郭玫君出生，我自己要帶3個小孩，家庭生活也相當忙碌。由於我小時候是家中的老大，常常需要幫忙照顧弟弟、妹妹，養成了善於照顧別人的個性。在九龍宿舍中，我都會主動看看有誰需要幫忙，也因此結識了很多好朋友，再加上有不少教授是國外回來，我們就把留學生常常聚會活動的模式帶到九龍宿舍裡。

　　我先帶動教職員的家眷一起來動手做點心、料理，找家眷聚餐。這樣的活動引起迴響，就開始有人想要學做其他手藝，於是我就教起大家做衣服、裁縫，遇到節日時也教大家做做跟節慶有關的點心，如端午節就教大家包粽子。記得運管系陳武正老師的太太還跟我說過，她學會包粽子後，就把自己包好的粽子帶回家跟爸媽分享，她媽媽還很不敢置信地說：「妳以前甚麼都不會作，現在竟然會包粽子、作衣服了！」這件事情讓我很有成就感。

　　有了這樣的活動交流，九龍宿舍的教職員與眷屬們的感情都特別好，很像一個大家庭一樣。我們也會互相幫忙照顧小孩子，所以小孩子們都在彼此家中跑來跑去，很熱鬧，都像兄弟姊妹。

當時我們舉辦聚會的地方在集賢樓，單身男生住的宿舍叫培英館，女生住的宿舍叫慈愛齋，齋長是秦阿姨，為人豪爽，讓人印象深刻。

郭校長跟學生們的感情很好，會找學生來家裡吃飯，就由我來招待學生，所以很多學生我也認識。交大以前校園小、學生少，師生之間都很親近，凝聚力很強。

當時九龍宿舍裡面有很多小朋友，我的兩個女兒就讀竹師附小（新竹師範專科學校附屬國民小學，今清大附小）、兒子則是讀曙光國小，九龍宿舍內的小朋友也都在這兩所小學就讀。這些學校都在市區，對小學生來說算很遠，所以我就跟郭校長建議，請學校派車每天到九龍宿舍來接送教職員的小朋友們上、下學。學校後來同意了，教職員們都很高興學校可以有這項措施，不用煩惱小朋友去學校的事情，而小朋友們可以一起搭車也很開心，大家能玩在一起。

我兒子、女兒這一輩在九龍宿舍長大、一起搭校車的小孩們，感情都特別深厚，很多人長大後都還有聯繫，維持著友誼，也對這一段成長過程，充滿豐富的回憶。讀國中以上的孩子，則可以自己騎腳踏車上學，就不再搭校車了。

來來去匆匆的高雄生活

郭校長借調教育部當技職司司長期間（1977年至1978年），

攝於交大九龍宿舍的全家福照。約攝於1972年。背景為九龍宿舍的花園一景,現花園已因疏於照顧而不存在。照片/郭南宏提供

我們還是住在九龍宿舍,就是校長自己通勤去臺北上班,對於家裡的生活比較沒有影響。後來郭校長要去高雄工專當校長,這件事情就沒有先跟我商量。有一天郭校長突然跟我說,他已經做了這個決定了,確定要去接高雄工專校長職位,全家要搬去高雄住。聽到這個消息,我其實並沒有其他想法,就只是想到又要開始準備搬家的事情。

高雄工專提供了一間日式的舊房子給我們當宿舍,我們剛搬進去時,屋子狀況不算太好,晚上有很多老鼠在「賽跑」,不過也很快就安頓下來了。搬到高雄這件事情,可能對我小女兒影響比較大,因為當時她還是小學生,她轉到高雄的小學,環境有很

大的改變。以前在九龍宿舍有校車可以搭，但是到高雄就沒有，她曾經想要早上搭校長的車去學校，結果被郭校長拒絕，因為校長認為這是公務車，不方便私人使用。結果我小女兒好傷心，後來我就每天騎腳踏車自己載著小女兒去上學。

來高雄工專只有一個學期（1978年2月至8月），郭校長就被淩鴻勛先生找回去接交通大學校長，我們很快又回到了新竹。我們回來後，分配到的宿舍位在九龍宿舍大門進去後，大斜坡上去的最後一間，原來是朱蘭成先生以前回交大上課時所住的宿舍。那間宿舍有一個大院子，我們就一直住在這裡，直到郭校長到交通部任職後才搬離，也住十年了。前一陣子有機會回到九龍宿舍走走時，發現那棟宿舍已經不在，變成了一個停車場。

重返九龍宿舍後，生活又回復到之前的狀態，我還是會固定在九龍宿舍舉辦一些活動。1975年我開始學習藝術造花，[7] 每個星期都會特地跑去臺北上課，回來後就開班，授課對象是學校的教職員、教職員太太們，每年還會舉辦花展。校慶的時候，一些以前上海、北京、吳淞、唐山等的老校友們，都會特地來新竹交大參觀，他們很關心學校的發展與建設，我會特別做胸花讓他們配戴，他們都很高興。

7　指參加於1975年5月經奉內政部核准成立的「中華民國藝術造花研究會（日本飯田深雪造花臺灣分會）」，為該會的第一屆學員，並曾任該會第15屆理事長。

尊重子女志趣，順其自然發展

我3個小孩的青少年成長歲月都是在九龍宿舍度過，直到他們都上了大學，才因讀書到外地去。1987年郭校長突然接到要去中央擔任交通部長的消息，這個安排背後是蔣經國先生的意思。這一年剛好是我家小女兒郭玫君讀高三，面臨大學聯考的前一年。

郭校長接任交通部長後，就要從交大這邊離職了，照理說我們應該就要跟著搬往臺北，但郭玫君就必須轉學，會面臨適應新環境的問題。我們家裡為了這件事情開了幾次家庭會議，最後認為，在大考前的這一年，需要專心衝刺讀書，不宜轉換新環境。所以就由郭校長先去臺北上班，我跟小女兒再多住九龍宿舍一年，也獲得學校同意。

郭校長這一年就先住在臺北的教師會館，我大女兒郭貞君當時正在就讀臺北醫學院藥學系一年級，他們父女兩人就同住一起。這一年假日期間，校長都會回新竹，一直到了隔年小女兒考完大學聯考，我們家才正式揮別居住了20年的新竹，搬到臺北。我跟郭校長在交大20年，對於交大，我們倆有說不完的回憶。

郭校長一直都非常忙碌，對於學校工作相當盡心盡力，對於子女的課業表現，郭校長反而沒有太高的要求。他也不曾責備過小孩，更別說打小孩了。孩子小時候都是我在陪伴溫習作業，到高中之前，我都會幫孩子們削好鉛筆、備妥上課用品、準備便

當。我每天晚上都會先將郭校長與孩子們第二天要穿的衣服、制服都先整理好掛起來，讓他們第二天可以直接穿上，節省時間。

　　郭校長自己從小到大數學都非常好，但並不會要小孩子也必須做到，因為每個人的天賦與學習能力都不同。校長跟我對小孩子學習上的想法都是一致，認為讓小孩子去發掘出自己的興趣志向比較重要，畢竟往後的人生是他們自己在過。沒有朝自己的興趣走，勉強去讀了只是照大家期望、但自己卻不喜歡的科系，去做了沒有興趣的工作，小孩子的後半輩子都會過得很痛苦。

　　我們的教育方式就是看看小孩子想往甚麼興趣發展，我們就從後面幫他們推一把，他們沒有意願的事情，就不勉強他們去做，讓他們順其自然發展，所以我們家小孩從小到大都沒有去補過習。記得我兒子第一天上國中時，老師就問同學說：「哪些同學已有補習過英文？」結果全班同學都舉手了，只有他一個人沒有舉手，他後來就自己苦讀英文，追上大家的進度。

社交活動的重要幫手

　　1987年郭校長當交通部長後，我成為了交通部婦聯會的主任委員暨行政院婦聯會常務委員，就多了一項要參加婦聯會[8]活動的任務。我們交通部婦聯會是在行政院婦聯會裡面，由行政院長夫人擔任行政院婦聯會主任委員，當時是行政院長夫人俞董梅真女

8　指婦聯會行政院分會。

行政院婦聯會合唱團演唱留影。約攝於1991年。照片／趙千惠提供

士來帶領行政院內各部會的夫人一起活動。

　　對內我們需參加合唱團，每星期要練唱，另外俞夫人，也會固定邀幾個部長的夫人，一起做簡單的運動，定期聚餐聊天。對外則會安排公開的行程，像是參訪老人院、孤兒院，或發起跟推廣一些活動等。對外的行程都是夫人們正式的工作活動，所以我們這些夫人也有配車跟司機，讓我們工作時可以搭乘。而郭部長也會邀請我出席院會餐宴、接待外賓的國宴，跟部長參加活動時，則是搭乘部長配車前往。

　　只要有參訪活動，郭校長都會找我一起參加，所以我也跟隨他出國訪問多次。因為郭校長本身非常不善於社交，一直以來都

前行政院長俞國華夫人俞董梅真（中）、趙千惠（右3）。
攝於1988年5月5日郵政博物館「花卉郵票與藝術造花綜合特展」開幕會場。照片／趙千惠提供

1989年5月，行政院婦聯會幹部合影。左起：衛生署署長施純仁夫人、臺北市市長吳伯雄夫人戴美玉、行政院長俞國華夫人俞董梅真、交通部部長郭南宏夫人趙千惠、經濟部部長陳履安夫人曹倩、中央銀行總裁張繼正夫人杜芬。照片／趙千惠提供

中華民國婦女蘭藝社春節茶會留影，前行政院長俞國華夫人俞董梅真（右4）為中華婦女蘭藝社社長、另有謝孟雄夫人林澄枝（左1）、錢復夫人田玲玲（左2）、孫運璿夫人俞蕙萱（左4）、趙千惠（右3）、梁國樹夫人侯金英（右2）。照片／趙千惠提供

1987年9月12日出席陽明海運貨櫃輪富明輪命名典禮。照片／郭南宏提供

1995年10月5日在中國北京舉行之APEC會議結束後，身為領隊之國科會主委郭南宏，為表達「不接受」中國擅自將我國會籍由「中華臺北」改為「中國臺北」的態度，刻意缺席由中國官方安排的長城參訪行程，故該行程的留影中只有趙千惠（前右3）及其他與會團員，右2為國科會副主委謝克昌博士。照片／郭南宏提供

1989年2月隨郭南宏部長訪問法、英與埃及三國，於埃及留影。照片中三人左起：毛治國、趙千惠、吳盟分。攝於1989年2月17日。照片／郭南宏提供

是由我來擔任他在社交活動上的幫手，所以我們出門幾乎總是在一起。

個性互補，運動讓情感加溫

我的個性跟校長剛好是互補：校長個性不擅交際，我個性正好外向、善於溝通；校長性子急，我則習慣事先規劃好、準備好，凡事不慌不忙慢慢來的人。郭校長的本性是比較固執、比較堅持自己的意見，記得剛結婚時，我婆婆還特別告訴我說：「我兒子個性從小就很固執，請妳要多讓讓他。」

1992年6月21-27日行政院舉辦第13次科技顧問會議，會議期間由趙千惠（左3）接待來臺與會之科技顧問夫人們進行參觀郵政博物館藝術造花特展。照片/趙千惠提供

婚後我們兩人一直保持互相討論的溝通模式，郭校長會把在外面所有事情都告訴我，我也會直接說出想法，如果有遇到問題，兩人再商量看看如何解決。不過由於郭校長個性比較急，在溝通上面，我是比較容忍的那一方。

　　我們家裡面的所有大小事情全由我做主，郭校長就好好專心把外面工作的事情處理好。在生活上面，我會事先想好家人的需求，一一做好安排，我負責將一切打點好。除了三餐外，像是我每天也都會幫郭校長準備好衣服，總之就是讓郭校長回家就不用再傷腦筋；這些家事都處理完後，剩下的時間我就會做一些自己想做的事情。郭校長對家事完全不會有意見，我都處理好了他也

1996年於郵政博物館舉辦「慶祝中華民國第九任首任直選總統副總統就職郵票文物花藝特展」留影，李登輝總統夫人曾文惠（前排左4）、趙千惠（前排右3）。照片/趙千惠提供

插不上手，大概就只有一件事情讓他做：因為校長很注重清潔，所以如果他認為該掃地、拖地，他就會自動捲起袖子動手清掃。

在跟郭校長的相處之道上，就是我會採取妥協，只要想一想夫妻之間也不一定要堅持什麼，我就會退一步。跟郭校長超過50年的婚姻一路走下來，都是互相扶持、幫忙，我們從不曾吵過架。

郭校長熱愛運動，我對於運動也非常有興趣。我就讀的臺南女中，是一所非常注重學生體育教育的學校。我們每天下課後，學生都會在操場上進行各式的運動活動，學校也鼓勵學生要參加一項運動比賽。所以我高中時就選擇打軟式網球，參加網球比賽，這項打球運動的習慣，後來也持續保持下來。剛好認識了也很喜歡運動的郭校長，他看我在打網球，也就跟著學打網球，運動成為了我們共同的興趣，以及共同的話題。

郭校長是到美國西北大學的時候，才接觸乒乓球，回來交大教書後，開始跟同學們打籃球、踢足球，從小球一直打到大球，在校期間他一直鼓勵同學運動，常常參加同學的比賽。我也會陪著校長一起打球。平常可能我們都有各自的事情要忙，但是忙完之後，一起打球、做做運動，從中我們也培養很多話題，總覺得非常愉快。所以校長常常鼓勵大家說，夫妻兩個人要培養共同的興趣，這樣婚姻就能夠和諧了。

家人擺第一、
貼心的理工暖男老爸

口述／嘉南藥理大學生物科技系助理教授 郭玫君
整理／周湘雲

　　1969年我出生於臺南，親愛的爸爸是郭南宏，媽媽則是趙千惠女士。我是家中的老么，上面有一個大我五歲的哥哥，還有跟我差兩歲的姊姊。當時爸爸已經在交大任教。

內外分工、合作無間的父母

　　爸爸媽媽是一對分工做得很好的夫妻，爸爸在外專心於教育工作；媽媽主內，爸爸從不干涉她處理家中的大小事務。回到家裡，爸爸並不多言語，但他擅用敏銳的觀察力，還有私下給情報的媽媽，所以他可以讓我們感受到他對我們的關心，還清楚掌握我們成長階段的狀況。

　　爸爸很重視家庭，希望婚後媽媽可以專心照顧家庭，讓家人回到家中時都能有一份熱騰騰的晚餐。媽媽後來在光復中學兼課，課餘前往臺北進修藝術造花，在家發展她的美麗事業，且兼

顧家庭；所以我們放學回家，媽媽就一定已經在家裡等我們了，這點我相當佩服。

在生活上面，我爸爸都靠媽媽打理一切。爸爸很少自己去買東西，甚至極少接觸銀行，對生活費用的支出全靠媽媽的精打細算。所以當爸爸有時候偶爾不經意說一句：「怎麼錢這麼快又用完了？」我媽媽的心裡就會有點受傷，因為她已經很節儉了。父親直到近幾年有了孫子，開始想幫孫子買點東西，才自己帶錢出門，也才開始陪媽媽去買菜，因而逐漸理解，並佩服媽媽的理財能力。

爸爸去臺北擔任交通部長的那一年，剛好遇到我高二要升高三。原本全家需一起搬到臺北，但我擔心自己無法順利銜接高三的課程和衝刺大學聯考，所以開了家庭會議後，媽媽就跟爸爸說抱歉，請爸爸這一年先自己去臺北，媽媽留下來陪我。爸爸也同意這個決定，他就跟當時已經讀臺北醫學院藥學系大一的姊姊，先暫住在教師會館，假日才回新竹。

這一年媽媽異常忙碌，除了在光復中學上課，有時要北上陪爸爸參加活動，還要照顧我的三餐。每晚飯後我會去交大圖書館複習功課，讀畢要回家時媽媽必定已到學府路跟博愛街交接口等我，陪我一起騎腳踏車回家。媽媽的手藝很好，除了煮飯，也常做蛋糕和點心，我們小孩子的便當，她有很多巧思，做得很漂亮。學校的同學每天都很好奇，我媽媽又替我們準備了什麼樣的便當。

在我們家裡，有一位萬能的媽媽，她擁有自己的工作和嗜好，也把我們一家大小都安頓妥當，甚至配合爸爸的工作出席活動和參加宴會。媽媽真的是爸爸人生中非常重要的伴侶與助手，他們感情融洽又合作無間，這都歸功於極具智慧的媽媽。我的媽媽倡導男女平權、維護女性獨立尊嚴，從小就常常跟我們講，女生無論結婚與否，都一定要有自己的收入。這對我日後的工作和婚姻生活，影響相當大。

行動代替言語，表達對孩子的愛

父母親在教育小孩上，由母親扮黑臉，爸爸扮白臉。記憶中都是媽媽在管教我們，有時候太皮了都是媽媽在罵人；爸爸則都從來沒有打罵過小孩。只有一次爸爸對我說了重話，當時一時承受不住，我就離家出走了！我走出九龍宿舍，沿著博愛街走，但還沒走到交大博愛校區，就被爸爸追回來了。現在想來很好笑。

爸爸的個性就是很標準的理工男，非常不擅於言詞，講話直接、一針見血，但是他觀察力很強，都是用行動來表達他對我們這些小孩子的疼愛。爸爸經常到各國出差，工作忙碌之餘，仍不忘替我們帶小禮物回來，我都還保留著這些小時候得到的禮物。像有一隻手錶，錶面上有一支跳動的青蛙秒針，收到這個禮物時我超級開心，因為當時其他小朋友都沒有看過這樣子的錶。

還有一次爸爸去香港出差時，他就買了兩個女用錢包回來送

給我跟姊姊。爸爸的禮物，總讓我們這些小孩子收到時都很驚喜，他也會把出國沒用完的錢幣送給我們，至今我也還常常拿出來把玩。在我們眼中，爸爸不是一個高高在上、嚴肅的父親，在我們面前他會搞笑，有時還會隨著電視唱歌和跳舞，還會陪我們玩鬥牛和下棋，亦師亦友。

假日時，爸爸就會帶著我們一家人出去逛逛，但是他每次的行程都安排得很固定。我們小時候中正路上有一間「美乃斯」[1]食品行，爸爸就會帶我們去那邊逛逛，買買西點或者進口的一些食品，再去對面吃蛋包飯，然後再去看電影。或者我們會去城隍廟那邊走走，就在那邊吃肉圓、四神湯，天氣熱就會去吃冰，還有買水蒸蛋糕，吃完就去看電影。總之吃東西的順序、要去哪間店吃，都有固定行程，充滿爸爸堅守SOP的行事風格。

爸爸就是那種決定好了，就都去固定的地方，做一樣的事情，他不是個喜歡常常變化、追逐新穎的人。所以像我們家族旅行，一定都是行程要規畫得很好，什麼時間要到達什麼地方，就一定要按表操課。他的個性嚴謹認真，所以習慣事前都要準備好，不是一個隨興的人。這一點他就常常會跟我們3個孩子講，提醒我們做事前都要先想清楚，要學習規劃，對我們以後做事情，有相當大的幫助。

我一直覺得，爸爸話不多，但簡單扼要已經道出重點，所以我們全家都很重視父親給我們的建議。

◇◇◇◇
1 「美乃斯」開設於1950年，位於新竹市中正路上，是新竹第一間西點麵包店。

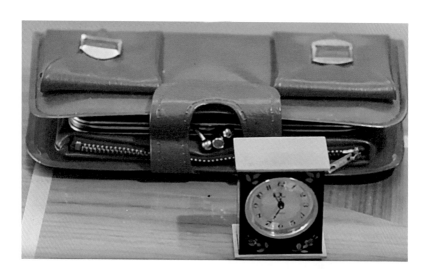

郭玫君一直仔細收藏著小時候父親贈送的小禮物，如各國錢幣、錢包、手錶、飾品……等等。（郭玫君提供）

沒有學業壓力的成長

　　我父母給小孩子很多自由發揮空間，國小以前我媽媽對我們管教很嚴，要求生活的常規和做人的基本道理，其後她就慢慢放手，讓我們決定自己想要做的事情。以我為例，我小時候就特別喜歡觀察九龍宿舍中的小動物和植物，所以我就曾經在家裡的花園嘗試種水稻，還有自己烤番薯等等，在花園中嘗試去做各式各樣的想法，把家裡的花園弄得一團亂，我媽媽都不以為忤。我爸爸媽媽都是鼓勵小孩子自己去動手嘗試的人，他們對我們想要做的事情不會干涉。

　　成長過程中，我幾乎是沒有感受到父母對我們課業上的壓力，我們家的女生成長過程是很快樂的，至於對我哥哥有沒有另外要求？我就不清楚了，但我知道哥哥在求學路上也是很努力，下很大的功夫。爸爸、媽媽都是採取從旁協助的教育方式，會讓我們自己選擇想要發展的方向，再從旁輔助我們。所以我們後來想出國讀書，都是自己決定、自己申請，爸媽沒有要求我們一定要出國不可。等我們申請到了，爸媽才會幫忙問一下有沒有國外的親友可以幫忙照應，爸爸到國外出差時，就會來看看我們，在我們需要協助的時候，爸媽都會旁支持。

　　我是在自己讀書拚聯考的過程中，才發現原來那種能考上臺大電機、臺大醫科，是跟自己不同層級的人，我們這些小孩可能怎麼努力讀書，都達不到我爸爸那樣的層級。我們都覺得爸爸以

前讀書時好厲害，但是爸爸並不認為自己是所謂的「資優生」，他覺得自己只是數學比較好而已。他告訴我們，他國文很弱，是因為沒有放心思在上面，所以他不會拿自己以前聯考的成績來要求我們，也不曾要求我們一定要考到什麼分數。所以我們的壓力不是來自父母，而是來自旁人，小時候會遇到那種認為你爸爸是某某人，你們就應該要很會讀書、很優秀的人。

我們求學期間，爸爸就是我們回家後的數理老師，他也很樂於替我們解答有關於數理方面的問題。即使到今日，他還是會拿孫子的數理課本來看，幫忙解題。以前爸爸回家後，會先跟我們聊幾句，吃完晚飯後，他會先休息一下，就開始跟我們解答遇到的數學問題。那個時候很有趣，爸爸每次看完問題後，就會從公式推演開始解說，跟我們講理論，講到我們都急了，忍不住說：「爸爸你這樣教，我們考試怎麼來得及算出答案？」

有時候爸爸很累，還會在我們問問題的時候就睡著了，等他睡了一覺才又起來回答。

公私分明、堅持理念的父親

我爸爸是一個公私分明的人，很多工作上的事情他會跟媽媽討論、讓媽媽知道，但在我們小孩子面前，絕口不提任何公事有關的事情。有時候媽媽不小心透漏了一些，爸爸就會說：「不要在小孩子面前講這個，他們不需要知道。」所以有很多決定，都

是他們兩個大人商量後，再由媽媽來對我們講結論，而不是爸爸來講。媽媽在家的角色，就像是爸爸的發言人，我們如果遇到問題，就告訴媽媽，由媽媽來處理。

記得我小學二年級下學期的時候，有一天媽媽突然宣布說我們全家要搬去高雄了，因為爸爸要到高雄工專當校長。爸媽的決定來得突然，一點調適的時間都沒有，因為我要轉學，離開熟悉的生活環境，心理上一直無法適應。

距離高雄工專最近是三民國小，但因為學校在鐵路旁，爸媽怕太吵會影響學習，所以就把我和姊姊轉學到距離比較遠的十全國小，從家裡走路上學需要20分鐘。那個時候我對新學校環境還很陌生，又要走那麼遠的距離去上學，心裡其實是害怕的，再加上我動作慢，早上常常弄到快遲到。小時候我們就知道爸爸非常公私分明，我印象中，我們是不太會要求爸爸載去上課，因為爸爸搭公務車。我們就是找媽媽騎腳踏車載去上課，下課再自己走路回家。

在高雄我只讀了一學期，就因為爸爸要回交大當校長，所以又回到新竹，跟同學都還沒混熟，就離開了。當媽媽告訴我們這個消息時，我相當開心，又回到了竹師附小，繼續在原班級讀三年級上學期，大家看到我就說：「啊，妳又回來了！」日後同學會，甚至有同學都已不記得我曾經轉學過半學期這件事情。

在工作上，爸爸是一個非常堅持跟專注的人，是那種今日事今日畢的人，不會說今天累了就不做。所以每天晚上，爸爸會先

休息一下，半夜3、4點就已經起來工作，我們小孩子半夜起床上洗手間，一定看到爸爸在書房裡。

以前還小，看爸爸也只是知道他工作很忙碌，過程不太了解。但是長大後，看到一些消息，慢慢才能了解到爸爸對交大付出很多心力。日後他踏上政壇，能夠抵抗一些政治干擾的影響，把該做的事情做好，我爸爸秉持的就是「去做對的事情」，一直堅持往對的方向前進。

我爸爸可以說非常熱愛交大，他重回交大當校長時，交大剛取得光復校區正要興建。當時有一些人對新校區的設計有意見，就批評過我爸爸，但是爸爸仍堅持要依照藍圖持續建設。我相信爸爸自有其遠見，看到了一般人還沒看到的目標。

不過我爸爸雖然以工作為重，他最重視的還是家庭。他人生就是運動、工作，沒有其他的事情了，但是家人在他心中，永遠擺在最重要的第一順位。

有一件印象很深刻的事情是，我爸爸曾在交大辦過影展，有一段時間定期每個禮拜會放電影，會有一些表演活動。表演活動那時候就在光復校區的禮堂，他就會帶我們去看。

爸爸媽媽的身教對我們這些小孩子的影響很深的，他們都很講究事先規劃與細節，也養成了我事前準備的習慣。我爸爸常提醒我們，家人要保持聯繫，維持家族的情感。所以雖然我們小孩子現在都沒有跟爸媽住在一起，但常常會跟爸媽一起吃飯、舉辦家族旅行。我會選擇當老師這個職業，也是受到爸爸、媽媽很大的影響。

郭南宏樂見郭南宏

兩人出自同一「命名公司」

「學苑影展」第二梯次後天中壢舉行

【本報訊】由電影基金會和本視聯合主辦的第二階段「學苑影展」，第一梯次今天在清大、交大進行最後一天的活動，第二梯次將從後天起，在中原、中央兩校舉行。

昨天下午導演郭南宏特地到交大，拜會另一位郭南宏，並和原先排定的李行導演，一起主持專題講演。

當郭南宏和郭南宏聊天的時候，才發現原來兩位郭南宏的出生地都非常相近，兩個人的命名也都是先父取的。

交大的郭南宏表示，他也見出生的時候，一位叫白惠文的命名先生所取的。交大的郭南宏表示，他也見白惠文取名字的時候，結果取出來的名字和他哥哥的女兒完全一樣。所以他早就就認為是台南的許多「

郭南宏、「命名公司」出品，昨天和導演郭南宏一談的結果，證實了這項推測。

兩位郭南宏除了同名外，還有幾點相同之處：身高都是一六七公分，三圍差不多，同樣有三位子女，年齡只差一歲，同樣是學理工，（導演郭南宏原本學建築）。

交大校長郭南宏說：「郭南宏對郭南宏，相見恨晚」。

新聞局為了鼓勵大專學生觀賞國片，於1982年開始舉辦「學苑影展」，在多所大專院校辦理電影播放，更邀請導演與演員到各校進行座談與演講活動。第一屆「學苑影展」於交大舉辦時，電影界的郭南宏導演曾到新竹交大出席「學苑影展」活動，特地與郭南宏校長碰面，留下一段有趣的報導。1982年5月1日星期六《民生報》，第10版。

像遊樂場的九龍宿舍

從我有記憶以來，就是在九龍宿舍長大。如果不出九龍宿舍的大門，都會覺得這個世界自成一方，跟外面有隔絕的感覺。九龍宿舍入口進去後，左邊大斜坡上去走到底，有一棟集賢樓，最早我們是住在集賢樓旁邊一間白色的平房。等到我爸爸從高雄工專調回交大當校長後，我們就改搬到另一間房子，也是在集賢樓附近。我近年曾經回去九龍宿舍看過，最早住的白色平房還在，但是後來住的那間屋子就已經拆掉了。

住在九龍宿舍的回憶就是很好玩，我常常在房間窗戶外就可以看到喜鵲。喜鵲在我們屋子旁邊的松樹上築巢，還有其他非常多的動物，如松鼠、蛇……等等。

以前我們這些小朋友們早上起床後，大多時間幾乎都在九龍宿舍裡面玩耍，大家爬上、爬下，要玩到所有媽媽都在門口叫小孩回家吃飯了，還欲罷不能。九龍宿舍當時有一個花園，住在九龍宿舍中的小孩子，都會聚在那邊玩遊戲，還有一個防空洞，就是我們去探險的地方。小孩子想像力很豐富，九龍宿舍剛好提供了一個滿足我們想像的空間，就像是一個遊樂場。不同年齡層的孩子會自然形成各自的小群體、一起結伴，在九龍宿舍中跑跑跳跳很安全，所以媽媽們也都很放心。

集賢樓是大人們交誼的地方，我爸爸會跟同事在那邊打橋牌，媽媽在那邊教做點心、教做花，遇到特殊節日也會在這邊辦活動，如猜燈謎等；也會有大人在辦聚會，我們小孩子就在旁邊玩。

九龍宿舍中的小孩都是讀竹師附小跟私立曙光小學，早上會有校車來接我們，送我們到這兩個國小，下課再接我們回來，所以我們九龍的小朋友，就是在校車接送過程的相處中，建立起深厚的交情。畢竟等到升學國中後，分別就讀於培英國中跟建華國中，大家幾乎都有腳踏車了，就是自己騎腳踏車上學，不再有這樣相處的機會。我印象中，集賢樓的活動到了我國中之後，好像就漸漸少了。因為交大在建功路新建公寓，讓交大同仁們可以自

行貸款購買，所以很多老鄰居紛紛搬離了九龍宿舍。

　　現在回想，九龍宿舍中充滿了我幼時的美好回憶。長大後，我到外地讀書，現在自己也在學校任教，發現以前交大師生以及教職員之間的相處模式真的很有人情味。我小時候就常看到爸爸的學生到家裡一起包水餃和吃飯，他很照顧學生，媽媽也熱心招待，大家建立起一種相當深厚的情感。交大同仁在九龍宿舍中，讓工作上的關係又延伸到了家庭生活的彼此照顧，在我看來這是交大很特殊的地方。

　　郭南宏口述歷史

附錄 郭南宏年表

郭南宏 年表

- 1936年 臺南出生。
- 1954年 臺南一中畢業。
- 1958年 臺灣大學電機系畢業。
- 1960年 交通大學電子研究所畢業。
- 1960年 服兵役。
- 1961年 臺南一中初中部任教。
- 1962年 臺灣大學電機系任講師。（任期：2月至7月）

  交通大學工學院擔任講師。（1962年8月至1963年7月）
- 1963年 赴美國西北大學（Northwestern University）

  電機工程攻讀博士。
- 1966年 取得美國西北大學電機工程博士學位。
- 1966年 加拿大溫尼伯大學（The University of Winnipeg）博士後研究。
- 1967年 加拿大英屬哥倫比亞大學（The University of British Columbia）

  博士後研究。
- 1968年 返臺於交通大學任教。

  （教授、系主任、電子研究所所長、代理教務長）。
- 1972年 交通大學工學院代理院長。

- 1974年 借調教育部技職司司長。（任期：1974年7月至1977年10月）
- 1978年 高雄工專校長。（任期：為1978年2月至1978年8月）
   交通大學工學院院長。
- 1979年 交通大學校長。
- 1987年 行政院政務委員兼交通部長。
   （任期：1987年4月29日至1989年5月31日）
- 1989年 行政院政務委員兼科技顧問組召集人。
   （任期：1989年6月1日至1993年2月27日）。
- 1993年 金國科會主委。（任期：1993年2月27日至1996年6月10日）
- 1996年 任宏碁基金會首席顧問、新眾電腦公司榮譽董事長、
   交大講座教授等職。
- 1997年 交大思源基金會董事長。
   （任期：1997年7月1日至1998年6月30日）
- 1998年 創辦全景軟體股份有限公司，任董事長兼總經理。
- 2000年 長庚大學校長。（任期：2000年至2003年）
- 2009年 琦景科技董事長。（現職）

歷史與傳記系列

無懼・無華——郭南宏口述歷史

策　　　畫	交通大學圖書館
館　　　長	袁賢銘
口　　　述	郭南宏
紀　　　錄	周湘雲
文字編輯	朱富國
美術設計	蔡南昇

國家圖書館出版品預行編目（CIP）資料

無懼.無華：郭南宏口述歷史 / 郭南宏口述 ; 周湘雲紀錄.
-- 初版 . -- 新竹市 : 交大出版社, 民 107.12
面 ；　公分
ISBN 978 986-97198-8-9(平裝)

1. 郭南宏 2. 校長 3. 回憶錄 4. 口述歷史

783.3886　　　　　　　　　　　107021703

出 版 者	國立交通大學出版社
發 行 人	張懋中
社　　長	盧鴻興
執 行 長	簡美玲
執行主編	程惠芳
編輯行政	陳建安、劉柏廷
製版印刷	華剛數位製版有限公司
地　　址	新竹市大學路 1001 號
讀者服務	03-5736308、03-5131542（週一至週五上午 8:30 至下午 5:00）
傳　　真	03-5731764
網　　址	http://press.nctu.edu.tw
e - m a i l	press@nctu.edu.tw
出版日期	107 年 12 月初版一刷
定　　價	350 元
I S B N	978-986-97198-8-9
G P N	1010702323
定　　價	350 元

展售門市查詢：
交通大學出版社 http://press.nctu.edu.tw
三民書局（臺北市重慶南路一段 61 號））
網　　址　http://www.sanmin.com.tw　電話：02-23617511

或洽政府出版品集中展售門市：
國家書店（臺北市松江路 209 號 1 樓）
網　　址　http://www.govbooks.com.tw　　電話：02-25180207
五南文化廣場臺中總店（臺中市中山路 6 號）
網址：http://www.wunanbooks.com.tw　電話：04-22260330

版權所有・翻印必究

郭 南 宏
紀錄短片